Gespräche über Globalisierung und Zeitgeschichte

Widmung

Dieses Buch ist meinem
Freund und Lebenspartner
Michael Christenheit
gewidmet

Der Autor

Thomas Mitsch ist Jahrgang 1963 und in Stuttgart geboren. Sein politisches Engagement dauert nun schon über 20 Jahre. Aktive Teilnahme an Protesten und Demonstrationen wie der Menschenkette 1983 von EUCOM der US-Armee in Stuttgart Vaihingen zu den atomar bestückten Wiley-Barracks in Neu-Ulm und viele mehr. Bei der Landtagswahl 2006 in Baden-Württemberg kandidierte er als Direktkandidat der WASG im Wahlkreis 09 Nürtingen. Bei den Oberbürgermeisterwahlen in Esslingen im Oktober 2006 kandidierte er als Oberbürgermeisterkandidat. Er ist Mitglied der Partei DIE LINKE. und der Bundesarbeitsgemeinschaft (BAG) rote reporter/innen.

2005 Mitglied des Landeswahlprogramm Teams für die Landtagswahl Baden-Württemberg 2006 der Partei WASG.
2006 Mitglied des Landeswahlkampf Teams für die Landtagswahl Baden-Württemberg 2006 der Partei WASG.

Organisator des landesweiten Ostermarsches 2007 in Calw und seit 2007 Mitherausgeber der Friedensblätter des Friedensnetzes Baden-Württemberg.

Mitglied des bundesweiten Organisationsteams zur Afghanistandemo in Berlin und den G8 Protesten in Heiligendamm 2007.
15.06.2007 Delegierter des letzten Bundes WASG Parteitages in Berlin.
16.06.2007 Delegierter des 1. Parteitages und Gründungsmitglied der Partei DIE LINKE in Berlin.
22.-27.11.2007 Delegierter zum Parteitag der Europäischen Linken (EL) in Prag.
Mitglied der Kommission der Europäischen Linken (EL).
2008 Sprecher DIE LINKE Wernau.

Mitglied der BAG rote reporter/innen
Mitglied der BAG FiP Frieden und internationale Politik Mitglied der LAG Europa
Mitglied der BAG betrieb&gewerkschaft

Teilnahme am Europäischen Sozialforum 2006 in
Athen und 2008 in Malmö

Homepage Thomas Mitsch
www.thomas-mitsch.de
Blog Thomas Mitsch
http://thomasmitsch.wordpress.com

Veröffentlichungen:

von Artikeln, Berichten und Analysen

u.a. in den Zeitschriften:

Neues Deutschland
www.neues-deutschland.de

Junge Welt
www.jungewelt.de

Sozialismus
www.sozialismus.de

Zeitung gegen den Krieg
www.zeitung-gegen-den-krieg.de

in den gedruckten Magazinen:

Friedensblätter,
des Friedensnetzes Baden-Württemberg
www.friedensnetz.de

Ausdruck,
der Informationsstelle Militarisierung, IMI e.V.
www.imi-online.de

Friedens Forum,
Zeitschrift der Friedensbewegung
www.friedenskooperative.de

Stattzeitung für Südbaden
www.stattweb.de

Nürtinger STATTzeitung
www.nuertinger-stattzeitung.de

im Internet:

Journalismus Nachrichten Heute
http://oraclesyndicate.twoday.net
Express
www.labournet.de
Linke Zeitung
www.linkezeitung.de
Scharf Links
www.scharf-links.de

Impressum

Standardvermerk der Deutschen Nationalbibliothek
dnb.d-nb.de

Copyright © 2009 Thomas Mitsch, Autor

Alle Rechte vorbehalten

Umschlaggestaltung	Maya Novosel, Georg Mürb
Titelfoto	© Jess Hurd
	http://www.jesshurd.com/
Fotos u. a.	Thomas Trüten:
	http://www.trueten.de/
	Roland Hägele :
	http://www.action-stuttgart.de/
Herstellung	BoD, Books on Demand GmbH, In de Tarpen 42, D-22848 Norderstedt
E-Mail	info@bod.de
URL	www.bod.de
Tel.:	+49 (0)40 / 53 43 35-11
Fax:	+49 (0)40 / 53 43 35-84
ISBN	978-3-8391-3885-4

1. Auflage 2009

AG Kiel | HRB 4551 NO | GF: Dr. M. Hagenmüller, H. Bellmann

Printed in Germany

Inhalt

Interview mit Jess Hurd

Zur Person:

Jess Hurd wurde weltweit durch das Photo des erschossenen Demonstranten Carlo Giuliani beim Sozialforum in Genua bekannt. Das Bild von Carlo Giuliani wurde für die Ausstellung des „ John Kobal Photoportrait Preises 2002" ausgewählt und wurde „Abbildung des Jahres" der Ausgabe Januar 2003, des britischen Journals der Photographie sowie Sieger der Gewerkschaftspresse und des Fotorezeptors 2000 u.v.m.

Jess Hurd bei der Arbeit in den Favelas von Sao Paulo
© Sergio Alberti

Während meines Besuches, als WASG G8 Kampagnenmitglied, auf Einladung von Globalise Resistance zur G8 Mobilisierung im Chadwick Lecture

Theatre der Universität und des College London, konnte ich ein kurzes Interview mit Jess Hurd führen.

Sie haben Sozialforen weltweit besucht. Wodurch unterscheiden sie sich?

Ich habe nur 3 Welt-Sozialforen besucht. Das erste und auf viele Arten Beeindruckendste war in Mumbai. Indien war ein solcher Gefühls-Taumel, der Verkehr, die Umweltverschmutzung, der Lärm..... und trotz der entsetzlichen Armut reisten Delegierte voller Lebendigkeit und Enthusiasmus Hunderte von Meilen um an diesem Event teilzunehmen. Von den Anti-Kindersklaverei-Aktivisten, den Dalits (Kastenlose) bis zu den Bankangestellten, war dieses Event wirklich eine Inspiration und ich bin stolz, dass ich dort Freunde gewinnen konnte.

Das zweite Sozialforum hatte einen ganz anderen Charakter mit viel politischerer Richtung. Mittelpunkt war der Kontrast zwischen dem schnell schwindenden Beistand von Lula und den Besuch von Präsident Hugo Chavez, welcher stürmisch empfangen wurde. Im Jahr darauf folgte ich dem Kampf gegen Neo-Liberalismus in die Boliviarische Republik Venezuela. Obwohl das Welt-Sozialforum in Caracas stattfand, verbrachte ich die meiste Zeit in Barrio's, der Slum-Region in den Bergen, wo die radikalen Reformen stattgefunden haben - Ausrottung des Analphabetismus, Bildung auf jedem Level offen für alle, kostenlose medizinische Versorgung, Kinderkrippen, subventionierte Märkte, all das machte für das Leben durchschnittlicher Menschen einen großen Unterschied.

Das erstaunlichste war die Beteiligung im Ablauf zu sehen, die Besetzung der Produktionsstätten, die Barrio Organisation und die Programme zur politischen Bildung von Arbeitern.

Ist das G8 Treffen ein Thema in England?

Leider ist es derzeit nicht oft in den Nachrichten. Es wird Tony Blair's letzter G8-Gipfel sein, es wird also einige Spalten in den Kolumnen hergeben. Aber allgemein wird es auf die unabhängigen politisch orientierten Journalisten und Fotografen ankommen. Die Masse wird lediglich die Tumulte wahrnehmen, nicht die Sache an sich.

Sehen Sie sich doch den Artikel im Guardian über gewalttätige Angriffe in Deutschland an.

http://www.guardian.co.uk/germany/article/0,,20762 85,00.html

**Was änderte sich für Sie, nachdem Sie das Foto
des erschossenen Demonstranten Carlo Giuliani
während der G8-Proteste in Genua veröffentlich-
ten?**

Der G8-Gipfel in Genua war die bedeutendste Europäische Bewegung bis heute, nicht nur wegen
ihrer Mischung aus Gewerkschaftern, sozialen und
politischen Aktivisten. Tragischerweise wurde der
junge Aktivist Carlo Giuliani von der italienischen
Bereitschaftspolizei erschossen. Doch die soziale
Bewegung wuchs durch diese Gewalttat zu einer
wirklichen Kraft, die Änderungen bewirken konnte.

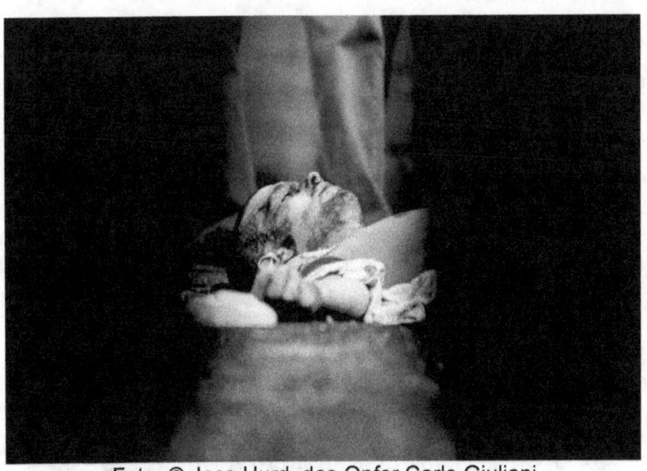

Foto: © Jess Hurd, das Opfer Carlo Giuliani
bei den G8 Protesten in Genua

Was erwarten Sie vom Protest in Rostock im Juni?

Ich erwarte nicht weniger als von allen anderen EU, WHO oder G8-Gipfel Protesten, über die ich berichtet habe. Einzelne und Gruppen leidenschaftlicher Menschen kämpfen für eine oder mehrere Sachen. Solche Veranstaltungen sind immer aufregend wegen der Vielfalt und des Einfallsreichtums der Aktionisten, mit welcher sie ihren Glauben und ihre Wünsche für eine bessere Welt Ausdruck verleihen.

Was denken Sie und erwarten Sie von der Neuen Linken in Deutschland?

Um ehrlich zu sein, ich bin nicht so informiert über die Neue Linke in Deutschland, aber ich hoffe sie wird zusammenhalten und die Bewegung ohne zu viele Kompromisse vorantreiben.

Was meinen Sie, wird sich nach Blair's Ära in England ändern?

Leider verspricht uns die Aussicht auf Gordon Brown als Premierminister keine bessere Zukunft hier in UK. Alle Hinweise lassen vermuten, dass er mit Tony Blair's neo-liberalem Programm und seiner kriegstreiberischen Strategie fortfährt. Wir können lediglich den Widerstand von unten bestärken und versuchen, eine wirkliche Alternative zu entwickeln.

Vielen Dank für das Gespräch

Das Interview wurde am 08. Mai 2007 in London geführt.

Interview mit John Rees

Zur Person:

John Rees ist englischer Schriftsteller und politischer Aktivist. Er war Vorsitzender der Socialist Workers Party und Mitbegründer der "Stop the War Coalition" und europäischer Vizepräsident der „International Campaign Against Aggression on Iraq".

John Rees, Sprecher von Respect London und
Thomas Mitsch WASG G8 Kampagne

Kurzinterview mit John Rees, Sprecher von Respect London, zu Gast mit der bundesweiten G8-Speaker`s Tour der Linksfraktion im Gewerkschaftshaus Stuttgart.

Nochmals vielen Dank, John, dass Sie nach Stuttgart gekommen sind. In der Veranstaltung im Gewerkschaftshaus sprachen Sie von Solidarität. Wie ist das gemeint?

Nun, zu aller erst habe ich natürlich die Solidaritätsbekundung von Respect London für die Streikenden der Telekom übermittelt. In England haben wir ja schon reichlich negative Erfahrung mit der Privatisierung und deshalb unterstützen wir die streikenden Telekommitarbeiter in Deutschland. In Großbritannien sind inzwischen über 70% der Bevölkerung gegen jegliche Privatisierung. Als Beispiel möchte ich Ihnen die Privatisierung der Eisenbahn nennen. Glücklich darf sich in England ein Reisender nennen, der am Bahnsteig auf die sowieso zu spät kommende Züge wartet, und wenn doch tatsächlich der Zug endlich kommt, er einen Sitzplatz ergattern kann. Noch glücklicher darf er sich allerdings fühlen, wenn er tatsächlich sein Ziel erreicht, ohne dass der Zug vorher aus den Gleisen gesprungen ist.

Natürlich habe ich auch die besten Glückwünsche

für die gewonnene Wahl in Bremen dabei. In England haben wir die Entwicklung zur neuen Partei Die Linke sehr genau verfolgt. Mit dem Wahlergebnis in Bremen dürfte nun der Startschuss für weitere erfolgreiche Wahlen in Deutschland gefallen sein.

John, was wird sich nach Tony Blair`s Abgang in England ändern?

Tony Blair wurde praktisch aus dem Amt gezwungen. Eigentlich wollte Blair die vier Jahre voll bekommen, muss aber jetzt schon nach zwei Jahren auf Druck der Antikriegsbewegung in England gehen. Finanzminister Gordon Brown kandidiert offiziell für die Nachfolge Blair`s als Premierminister und damit auch als nächster Vorsitzender der Labour-Partei. Georg Brown gilt als Architekt der neoliberalen Entwicklung. Unter ihm wird die Privatisierung, der Versuch der weiteren Schwächung der Gewerkschaften, im Prinzip die Umsetzung der Lissabonstrategie massiv weiter vorangetrieben.

Welches Signal, glauben Sie, geht mit der Gründung der neuen Partei Die Linke, an Europa?

Ich glaube, das ist eine Entwicklung die ganz Europa ergriffen hat. Die Linke in Deutschland hat sich zum Sprachrohr der einfachen Menschen entwickelt. Sie hat Debatten angestoßen, sei es der Mindestlohn oder die Rente mit 67. Ich denke mit ihrer Forderung zur sofortigen Beendigung der militärischen Einsätze hat sie zusätzlich die, nicht nur in Deutschland, dringende Diskussionen über die neoliberale Politik mit deren Ansprüchen auf Ressourcen fremder Länder entfacht.

Was erwarten Sie von den Protesten in Rostock zum G8 Treffen der Regierungschefs in Heiligendamm?

Ich hoffe natürlich, dass eine phantastische, friedliche Mobilisierung stattfinden wird. In Rostock können wir zeigen, dass wir gegen Privatisierungen und Kriegseinsätze mit ihren Profiteuren sind, gegen die Beschneidung der Gewerkschaften und Lohnsenkungen sowie gegen die Senkung der Standards im Gesundheitswesen und Bildungssysteme. Wir stehen für Frieden und wollen Alternativen aufzeigen, die zum Wohle aller sind und nicht nur für einige wenige Großkonzerne. Außerdem muss es uns gelingen, einen massenwirksamen Appell an die G8 zu formulieren, um die Armut zu verringern. Deshalb ist es wichtig, dass so viele Menschen wie möglich zur Großdemonstration nach Rostock kommen, denn Tausende kann man übersehen, Zehntausende nicht und Hunderttausende schon gar nicht, geschweige denn überhören.

Ist das G8 Treffen in England ein großes Thema?

Wie Sie wissen, haben wir 2005 in Gleneagles, Schottland, das letzte G8 Treffen gehabt. Nach Gleneagles waren über Zweihunderttausend Menschen gekommen. Die von der britischen Regierung unterstützte Kampagne „Make Poverty History", „Welcome"-March und Live-8-Konzerte von Bono und Bob Geldof sowie die Schuldenerlassvorschläge für die armen Staaten haben Blair im Stimmungstief nach dem Irak-Krieg geholfen. Deshalb wissen wir in England, welche Bedeutung das G8 Treffen in Heiligendamm hat. Zahlreiche Busse werden England Richtung Rostock verlassen und viele werden mit Zügen anreisen. In der Presse allerdings werden die Kampagnen der G8 Gegner kaum erwähnt.

Was glauben Sie ist der Unterschied zu Gleneagles und Heiligendamm bzw. Rostock?

Nun, wie ich bereits erwähnte, konnte mit den Live Konzerten und den Schuldenerlassen in Gleneagles vom eigentlichen Sinn des damaligen G8 Treffens abgelenkt werden. In Heiligendamm werden die G8 wieder zur Normalität zurückkehren und weitere Pläne zur Liberalisierung des Handels, zur Privatisierung und zur Verteidigung von Ressourcen in fremden Ländern schmieden. Die Kriegs- und Rüstungsmaschinerie mit ihren immensen Kosten wird weiter laufen während täglich Zehtausende Menschen an Hunger sterben.

Vielen Dank für das Gespräch.

Das Interview wurde am 07. September 2008 in Stuttgart geführt

Interview mit Inge Höger

Zur Person:

- Mitglied des Bundestages seit 2005
- Aktiv in Gewerkschaften, sozialen Bewegungen und der Frauenbewegung
- Abrüstungspolitische Expertin der Fraktion DIE LINKE und Mitglied im Verteidigungsausschuss, aktiv im Kampf gegen das Bombodrom und Mobilisierung gegen den 60. Geburtstag der NATO im Frühjahr 2009.

Gewerkschaften

- ver.di - Mitglied, bis 2005 Mitglied ver.di-Landesfachbereichsvorstand Sozialversicherung
- 1993 bis 2005 Vorsitzende des DGB-Frauenausschusses
- bis 2005 Mitglied der ver.di Bundestarifkommission und Tarifverhandlungskommission für die AOK

Partei

- Januar 2005 Gründungsmitglied der WASG Nordrhein-Westfalen
- Juni 2005 Mitglied der PDS, jetzt Partei DIE   LINKE.

Am Rande der Aktionskonferenz der Friedensbewe-
gungen Deutschlands in Berlin entstand ein Kurzinterview mit Inge Höger, MdB Linksfraktion

Inge Höger und Thomas Mitsch beim ESF 2008 in Malmö

Inge, was bedeutet Dir die Protestbewegung zu G 8?

Bei dem G 8 – Treffen in Heiligendamm treffen sich die Vertretungen der mächtigsten Industrienationen, um über die Zukunft der Welt zu sprechen und auch um Vereinbarungen zu treffen. Angela Merkel hat in ihrer Regierungserklärung die Richtung vorgegeben. Es geht um die Sicherung der Rohstoffe ebenso wie um Einfluss in Afrika, es werden weitere Kriege geplant zum Schutz der Interessen der Industrieländer. Da finde ich es gut, wenn sich eine starke Protestbewegung gegen dieses durch nichts und niemanden legitimierte Treffen formiert. Auch ich werde an den Protesten teilnehmen. Die breite, internationale Protestbewegung zeigt, dass die Menschen dieser Welt das Treiben der ökonomisch Mächtigen nicht einfach hinnehmen. Für mich ist diese Protestbewegung Ausdruck davon, dass eine andere Welt möglich ist.

Glaubst Du, die letzten Polizeiaktionen haben Einfluss auf die Mobilisierung?

Der Versuch der Kriminalisierung der Gipfelgegner führt nach meiner Einschätzung dazu, dass noch mehr Menschen sich Gedanken darüber machen, was da überhaupt passiert, warum Millionen für einen Sicherheitszaun und den Einsatz von Polizei und Bundeswehr ausgegeben werden, um die Herrschenden dieser Welt zu schützen. Immer mehr Menschen und insbesondere auch Jugendliche finden diese Situation unerträglich und aufgrund der Polizeiaktionen werden sich gerade auch aus Protest dagegen noch mehr Menschen den Protestaktionen anschließen.

Wie siehst du die Chancen für eine neue Bewegung in Deutschland? (Antikriegsbewegung)

Durch den Beschluss des Bundestages zum Einsatz deutscher Tornados in Afghanistan ist Deutschland endgültig für viele Menschen sichtbar in den Krieg der USA gegen das afghanische Volk verstrickt.
77 % der Menschen in Deutschland waren und sind gegen den Tornado-Einsatz. Nach dem Tod deutscher Soldaten am 19. Mai 2007 sprechen sich immer mehr Menschen gegen den Einsatz der Bundeswehr in Afghanistan aus. Die Mehrheit des Volkes ist gegen Auslandseinsätze und gegen Krieg. Daraus ergeben sich gute Chancen für die Antikriegsbewegung in Deutschland. Im Herbst stehen Entscheidungen über die Verlängerung der Mandate in Afghanistan im Bundestag auf der Tagesordnung. Da besteht die Chance, den Willen der Mehrheit der Bevölkerung Ausdruck zu verleihen: Dieser Bun-

deswehreinsatz darf nicht verlängert werden, die deutschen Truppen müssen zurückgeholt werden!

Was wird die neue LINKE bewirken?

Die neue LINKE ist die einzige Partei, die sich gegen Auslandseinsätze und Krieg ausspricht. Die neue LINKE ist gegen den neoliberalen Umbau der Gesellschaft und wird sich mit den sozialen Bewegungen für soziale Gerechtigkeit und gegen Kriegseinsätze einsetzen. Zusammen mit den sozialen Bewegungen kann die neue LINKE ein Klima für gesellschaftliche Veränderungen im Interesse der Mehrheit der Bevölkerung schaffen.

Was kommt nach Tony Blair? Gehen die Engländer raus aus Afghanistan?

Ich kann leider von hier aus nicht einschätzen, ob die englische Friedensbewegung stark genug ist, einen Abzug der britischen Truppen aus Afghanistan durchzusetzen. Es wäre schön, wenn es so wäre, weil das natürlich auch den Druck auf die Bundesregierung verstärken würde, die Mandate nicht zu verlängern.

Vielen Dank für das Gespräch

Das Interview wurde am 28. Mai 2007 in Berlin geführt.

Interview mit Petra Pau

Zur Person:

- Mitglied des Bundestages seit 1998
- Geboren am 9. August 1963 in Berlin; verheiratet.
- 1969 bis 1979 Polytechnische Oberschule. Studium am Zentralinstitut der Pionierorganisation, m 1983 Abschluss als Freundschaftspionierleiterin und Lehrerin für Deutsch und Kunsterziehung; Studium an der Parteihochschule "Karl Marx", 1988 Diplomgesellschaftswissenschaftlerin.
- 1983 bis 1985 Pionierleiterin und Lehrerin. 1988 bis 1990 Mitarbeiterin für Aus- und Weiterbildung in der Pionierorganisation/Zentralrat der FDJ;
- Januar 1991 bis November 1995 hauptamtliche Tätigkeit bei der PDS. 1995 bis 2000 Mitglied im Aufsichtsrat der Wohnungsbaugenossenschaft "Grüne Mitte e. G.", Mitglied der GEW, des Hei matvereins Hellersdorf, Mahlsdorf, Kaulsdorf, in der Deutschen Vereinigung für Parlamentsfragen und des Kuratoriums der Stiftung für ein deutsches Holocaust-Museum.
- 1983 Mitglied der SED, seit 1990 der PDS,
- Januar bis Oktober 1991 PDS-Bezirksvorsitzende Hellersdorf, Oktober 1991 bis Oktober 1992 stellvertretende

Landesvorsitzende der PDS Berlin. Vorsitzende
des PDS-Landesverbandes Berlin von 1992 bis
2001. 1990 bis 1995 Mitglied der
Bezirksverordnetenversammlung Hellersdorf.
November 1995 bis Oktober 1998 Mitglied des
des Abgeordnetenhauses von Berlin.

- Oktober 2000 bis Oktober 2002 stellv.
  Fraktionsvorsitzende der PDS-Bundestagsfraktion
  und stellv. Parteivorsitzende der PDS.
- November 2002 bis September 2005 Mitglied des
  des Bundestages mit Direktmandat und Mitglied
  Mitglied im Innenausschuss.
- Ab September 2005 Mitglied des Bundestages
  und stellv. Vorsitzende der Bundestagsfraktion
  DIE LINKE.
- Seit April 2006 Vizepräsidentin des
  Deutschen Bundestages

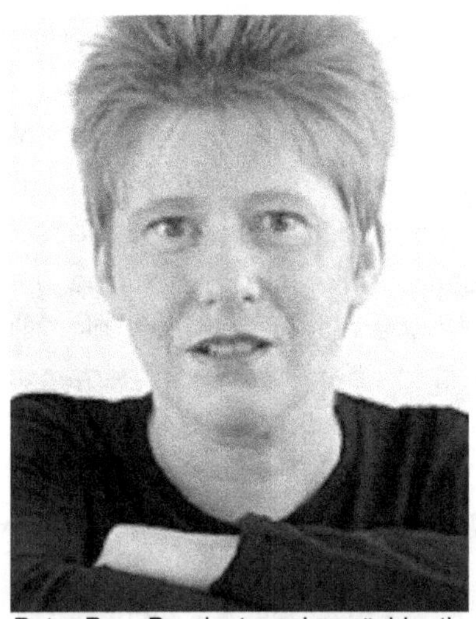

Petra Pau, Bundestagsvizepräsidentin
Foto: Die Linke.

Anlässlich der Auftaktveranstaltung zum 100-jährigen Internationalen Sozialisten Congress Stuttgart 2007, im großen Sitzungssaal des Stuttgarter Rathauses, konnte ich ein Kurzinterview mit der Schirmherrin Petra Pau, Vizepräsidentin des Deutschen Bundestages, führen.

Petra, du bist Schirmherrin des Internationalen Sozialisten Congresses Stuttgart 2007, der sein 100-jähriges Jubiläum feiert. Welche Bedeutung hat der Congress für die neue Partei Die Linke?

Nun, ich habe natürlich ein bisschen in der Geschichte gestöbert und habe den erschreckenden Fund gemacht, dass die Fragen, die sich die neue Linke auf die Fahnen geschrieben hat, soziale Gerechtigkeit, von Arbeit muss man leben können, friedliche Politik und auch Demokratie und Bürgerrechte, vor hundert Jahren, hoch aktuelle Fragen waren. Dies sind aber auch die Themen für die die neue Linke in der Bundesrepublik steht.

Was wünschst Du dir von diesem Kongress?

Also ich wünsche mir, dass es nicht nur eine Rückschau gibt, so wichtig es auch ist Traditionen zu haben, sondern das für neue Fragen, die sich ja in den hundert Jahren entwickelt haben auch neue Antworten gefunden werden, die für Menschen vielleicht die neue Linke attraktiver macht.

Was darf sich die neue Partei Die Linke jetzt schon als Erfolg auf die Fahnen schreiben?

Mir blieb ja fast das Herz stehen, als ich hier eben auf den Platz vor dem Rathaus kam und sah das Rathaus der Stadt Stuttgart beflaggt ist, mit den Fahnen der neuen Linken, der Fahne der Europafraktion und der ganze Platz auf dem heute ein multinationales Fest stattfindet, wie ganz selbstver-

ständlich sozusagen, durch die neue Linke be-
schirmt ist. Mehr kann man doch, glaube ich, eine
Woche nach Parteigründung nicht erreicht haben.

**Du hast viel mit ausländischen Gästen und Be-
suchern zu tun. Wie glaubst Du wurde im Ausland die Gründung der neuen Partei Die Linke
gesehen und welches Signal geht von ihr aus?**

Ich habe auch ganz viel Post bekommen, mit vielen
gesprochen - Hoffnung, das Erstens in der Bundesrepublik so etwas wie mitteleuropäische Normalität
einzieht, das es links von der Sozialdemokratie eine
Kraft gibt, die die Achse der Politik insgesamt wieder von links her verschiebt aber auch die eine oder
andere Warnung - zum Beispiel von unseren italienischen Genossen und Genossinnen und auch von
den französischen Genossen und Genossinnen -
stellt Dinge, die nicht so wichtig sind zurück und
zerstreitet euch nicht um des Streites Willen sondern bestreitet über die Sache.

**Noch eine letzte persönliche Frage. Ist dein Amt
als Vizepräsidentin des deutschen Bundestages
als Vorreiterrolle für eine größere Beteiligung
von Frauen in gehobenen Ämtern zu sehen?**

Sagen wir mal so, es ist gut so, dass die Linke diese Position nicht mit einem Genossen besetzt hat, so sehr mir Lothar Bisky am Herzen liegt und ich finde es schon interessant das die Partei Die Linke. eine Frau, im zweithöchsten Staatsamt, welches in der Bundesrepublik zu vergeben ist, hat.

Vielen Dank und eine schöne Heimreise nach Berlin.

Das Interview wurde am 29. Juni 2007 in Stuttgart geführt.

Interview mit Ulla Jelpke

Zur Person:

- Mitglied des Bundestages, wieder seit 2005
- 9. Juni 1951 geboren in Hamburg – Gelernte Friseurin, Kontoristin und Buchhändlerin.
- Über den 2. Bildungsweg 1993 Abschluss als als Diplom-Soziologin und Volkswirtin.
- Als Linke aktiv in den 68ern, vor allem in der Autonomen Frauen- und später in der Umwelt- und Friedensbewegung.
  Seit 1981 aktiv als Strafvollzugshelferin.
- 1981/89 zweimal zur Abgeordneten für die Grün-Alternative Liste (GAL) in die Bürgerschaft Bürgerschaft Hamburg gewählt, dort schwerpunktmäßig im Innen-, Rechts-, Frauen- und Sozialausschuss gearbeitet; zwischenzeitlich wegen Rotation 3 Jahre als Frauenreferentin bei der GAL-Fraktion tätig.
- MdB von 1990 bis 2002; Vors. AG Innen- und Rechtspolitik der PDS-Fraktion und Innenpolitische Sprecherin der PDS-Fraktion. Schwerpunkte: Migrations- und Flüchtlingspolitik, Sicherheitsgesetze und Verteidigung von Grundrechten, Antifaschismus und Menschenrechtsfragen.
- 2003 – 2005 Ressortleiterin für Innenpolitik bei der

linken Tageszeitung Junge Welt und Mitheraus-
geberin und Autorin der
Zwei-Wochen-Zeitschrift Ossietzky

Vor den beiden ersten Kongressen zum Internationalen Sozialisten Congress Stuttgart 2007 fand im
Gewerkschaftshaus Stuttgart ein gemeinsames
Plenum statt. Mit Ulla Jelpke führte ich am Rande
ein Gespräch über den Congress und ihre persönli-
chen Einstellungen.

Ulla Jelpke, MdB Linksfraktion
Foto Die Linke.

Ulla, erst mal danke, dass Du gekommen bist. Meine erste Frage lautet natürlich – was erwartest Du von dem Internationalen Sozialisten Congress Stuttgart 2007?

Ich erwarte, dass es hier ein sehr breites Bündnis von Sozialisten und Sozialistinnen gibt, die sich darüber austauschen wie die Arbeit an Schwerpunkten weitergeführt werden kann. Dazu gehört für mich die Friedensarbeit, also der Krieg in Afghanistan, aber natürlich auch die Militäreinsätze der Bundeswehr im Ausland. Und um eine Strategie zu erarbeiten, wie die Demonstration am 15. September in Berlin, gegen den Einsatz in Afghanistan, welches ja eigentlich einer dieser Punkte sein wird. Wir brauchen auch hier eine gesamte Strategie der Sozialisten und Sozialistinnen und eine Strategie im Bereich des Sozialabbaus, d.h. die Überlegung von Massenstreiks oder Generalstreiks und wie kann das aussehen. Dies ist ja auch ein Block dieses Kongresses. Oder aber die Frage der Grundrechte und Demokratie, die Migrationsfrage und Frauenfrage, also viele Dinge könnten hier mit einem gemeinsamen Nenner vorangebracht werden. Vor allem erwarte ich, dass hier keine Spaltereien sondern Gemeinsamkeiten entstehen.

Ich finde es bemerkenswert, das Du vorhin offen von Kriegsangst gesprochen hast, kannst Du das etwas näher erläutern?

Ja, also ich komme aus der 68er Generation. Damals gab es noch die Sowjetunion und die Sowjetunion war für mich immer Garant - solange es die Sowjetunion gibt wird es keinen Weltkrieg geben. Ich sehe heute eine Entwicklung, - es gibt zwar Russland und Putin, der sich doch in vielen Fragen widersetzt, was die Nato will, was die Uno will -, dass der US-Imperialismus auf dem Vormarsch ist. Dieser Imperialismus hat im Nahen Osten Böses angerichtet. Ich sage zum Beispiel, den Irak in feudalistische Verhältnisse zurückgebombt, Afghanistan ebenso und ist dort natürlich auch bereit den Iran anzugreifen. Wenn dies geschieht, so denke ich, rückt ein Weltkrieg wieder ein Stück näher. Wenn ich mir anschaue, dass die Amerikaner jetzt die Raketen installieren wollen, dann sind wir noch ein Stückchen weiter und insofern mache ich mir heute ernsthaft Gedanken darüber ob ich so etwas wie einen Weltkrieg miterleben werde. Dies habe ich vor einigen Jahren ehrlich gesagt nicht geglaubt und es macht mir in der Tat Angst. Ich glaube das Schlimmste was der Menschheit auf dieser Welt passieren kann ist ein Weltkrieg.

Ein kurzer Blick auf die Europäische Verfassung, die sie ja jetzt umbenannt haben in Vertrag – was glaubst Du, wie schnell dauert es bis ein eigener Militärhaushalt installiert wird?

Nun, da muss man gar nicht lange warten, den gibt es bereits, denn die Verfassung war ja nur das Gerüst, um möglichst viele EU- Staaten einzubinden – in diesen Militärhaushalt. Denn jetzt schon werden enorme Gelder für eine Europäische Armee bzw. Europäische Polizei in die Waagschale geworfen, um als Europa in entsprechenden Regionen auch mit Militäreinsätzen zur Verfügung zu stehen. Auch wenn es heute noch in der Länderhoheit ist, ist es ja trotzdem so, dass Gelder dort hineinfließen und das ist einer der wichtigsten Punkte in diesem Vertrag oder wie es auch immer heißen wird. Das ist erhalten geblieben, nämlich, dass man die Verpflichtung zur nationalen Aufrüstung und europäischen Aufrüstung unterschreibt. Und eigentlich auch mit der Eu-Mitgliedschaft oder Beitrittsbereitschaft unterschrieben hat. Der andere Punkt ist natürlich die Festlegung auf den Kapitalismus, also eine Wirtschaftsordnung, die auch auf Privatisierung, damit eben auch auf Ausbeutung der werktätigen Massen beruht. Wir haben natürlich gelernt, dass eine Volksbefragung nicht zustande kommen wird, so sind doch diese Punkte, die am Meisten zu kritisieren sind.

Ich bin ein ja Verfechter dafür, dass Frauen in mehr gehobene Positionen kommen, sei es im Management oder auch in der Politik. Ich schaue da zum Beispiel auf Norwegen, wo dies sogar in den Gesetzen verankert ist.
Was glaubst Du, wie die neue Linke oder vielleicht auch schon die jetzt im Parlament sitzende Frauen dafür kämpfen könnten?

Ich denke, wir müssen dies erst mal in unseren eigenen Reihen durchsetzen, denn es ist ja bekannt, dass wir zwei Männer in der Partei an der Spitze haben aber eben auch in der Fraktion. Das darf auf keinen Fall längerfristig festgenagelt werden sondern es muss völlig klar sein, dass wenn in einem Jahr neu gewählt wird, die Parteispitze quotiert besetzt werden muss. Ich bin für die Quote, für die Doppelspitze aber wie gesagt mit Mann und Frau. Wir haben die Frauen, die fit genug sind und somit kann man auch glaubwürdiger für Gesetzesinitiativen eintreten, die auch parlamentarisch verankert werden. Aber auch da muss man sehen, Frauen sind nicht fortschrittlichere Menschen, also ist mir ein linker Mann lieber als eine rechte Frau. Aber nichts desto trotz werden wir im Moment ein bisschen unglaubwürdig, wenn wir mit so einer Initiative ins Parlament gehen.

Da fällt mir gerade die Forderung von Oskar Lafontaine ein, bei wichtigen Themen eine Mitgliederbefragung zu installieren. Da könnte so eine Frauenfrage oder Frauenquote deutlich befragt werden. Wie siehst Du das und würdest Du Lafontaines Initiative unterstützen?

Das ist übrigens eine sehr gute Idee, dass diese Frauenquote per Mitgliederbasis abgefragt wird, denn es ist ja zurzeit nicht nur die Spitze die einbricht, wir haben es leider auch in einigen Landesverbänden, wo von Männern versucht wird die Quote zu durchbrechen und das werde ich mit auf den Weg nehmen.

Vielen Dank für das Gespräch.

Das Interview wurde am 30. Juni 2007 in Stuttgart geführt

Interview mit Percy Schmeiser

Zur Person:

Träger des alternativen Nobelpreises 2007.

Der 77jährige, kanadische Landwirt ist, durch seinen Widerstand gegen den US-amerikanischen Saatgutkonzern Monsanto, bekannt geworden.
Schmeiser hat bereits im Jahr 2002 den Mahatma Gandhi Preis erhalten. Er war 25 Jahre Bürgermeister seiner Gemeinde und saß auch im kanadischen Landesparlament. Ebenso war er Mitglied jedes Landwirtschaftskomitees, das man sich vorstellen kann, sowohl auf Bundes- als auch Provinzebene.

Schmeiser: „Ich habe immer für die Rechte und Privilegien der Farmer und für Richtlinien und Gesetze gekämpft, die für sie von Nutzen sein würden."

im Gespräch von links Thomas Mitsch
und Percy Schmeiser

Vielen Dank Percy, dass Sie nach Nürtingen gekommen sind. Wie sagte Henry Kissinger in den 70ern: "Wer das Öl kontrolliert, ist in der Lage, ganze Nationen zu kontrollieren, wer die Nahrung kontrolliert, kontrolliert die Menschen". Glauben Sie, dass der US-amerikanischen Saatgutkonzern Monsanto die Weltherrschaft über alle Lebensmittel erlangen will?

Ja, ich glaube fest daran, denn die Entwicklungen und das was ich in den letzten vier Jahren auf der ganzen Welt gesehen habe deuten darauf hin. Es geht hier nicht um landwirtschaftliche Aspekte sondern alleine um Rentabilität und Rendite.

Was denken Sie über die dehnbare Auslegung des Patentrechtes?

Wie ich es in meinem Vortrag erwähnte, versucht Monsanto durch Lobbyarbeit und viel Geld die Regierung und die Farmer durch Druck zu beeinflussen. Zudem kommt, dass viele Professorenstellen an den Universitäten von privaten Unternehmen bezahlt werden. Dadurch schwindet die Aufklärung. Die Saatgutunternehmen versuchen durch immer mehr juristische Kniffe, das Patentrecht durch die Hintertür zu umgehen.

Wie sieht die landwirtschaftliche Entwicklung in der Zukunft aus?

Nun, die Landwirtschaft wird immer industrieller und kommerzieller. Es wird immer mehr Großbetriebe geben, die herkömmlichen Kleinbetriebe werden immer öfters schließen und schließlich ganz verschwinden. Die Bauern verlassen ihr Land, es wird keine natürliche Landwirtschaft mehr geben. Durch die Kontaminierung ist z.B. kein Bio Raps und Bio Soja Anbau in Kanada mehr möglich.

Die neue Partei Die Linke in Deutschland spricht sich ebenfalls gegen genmanipulierte Pflanzen und Lebensmittel aus. Können Sie uns einige Ideen geben was das Deutsche Parlament in Gesetze umsetzen sollte?

Erstens sollte den Landwirten das Recht zugestanden werden, eigene Nachzucht von Samen zu betreiben und zweitens sollte der Verursacher von Schäden in diesem Fall die Saatgutunternehmen Schadensersatzpflichtig sein.

Glauben Sie, dass durch die Verleihung des Alternativen Nobelpreises für ihren Mut bei der Verteidigung der Artenvielfalt und der Rechte der Bauern und dafür, dass Sie die ökologisch

und moralisch verwerfliche Auslegung des Patentrechts in Bezug auf Saatgut ändern wollen, mehr öffentliches Interesse geweckt wurde?

Ja, ich denke schon, denn ich werde immer öfters weltweit als Referent eingeladen und ich glaube, dass das Thema Gentechnik vielleicht auch dadurch immer mehr in den Fokus der Menschen rückt.

Ist es richtig, dass nach dem Sturz von Saddam Hussein das Saatgut des Iraks vernichtet wurde und der Irak verpflichtet wurde zukünftig das Saatgut von amerikanischen Firmen zu kaufen?

Richtig, das Saatgut musste vernichtet werden. Allerdings wurden vor dem Fall Saddam`s irakische Saatgüter nach Syrien ausgelagert. Jetzt ist der Irak verpflichtet ausländisches Saatgut zu kaufen. Eine Schande, wenn man bedenkt, dass der Irak und der Iran eigentlich die Länder sind woher unser eigenes Saatgut ursprünglich kam.

Was sind Ihre nächsten Schritte im Kampf um genfreie Landwirtschaft?

Nachdem eine von der Regierung eingesetzte Kommission selbiger empfahl, dass die Landwirte ein Nachbaurecht bekommen sollten und das Patentrecht auf höhere Lebensformen nicht anwendbar sei, werde ich nach meiner Rückkehr nach Kanada den Großkonzern Monsanto verklagen.

Vielen Dank für das Gespräch und eine gute Heimreise.

Das Interview wurde am 07 Januar 2008 in Nürtingen geführt.

Interview mit Sybille Stamm

Zur Person:

Für große Beachtung beim Gründungsparteitag Der Linken 2007 in Stuttgart sorgte der Eintritt von Sybille Stamm, die bis zu ihrem altersbedingten Ausscheiden im April des gleichen Jahres ver.di-Landeschefin von Baden-Württemberg war. Sybille Stamm, bis zum Parteitag noch Mitglied der SPD, erklärte, auch die verbliebene SPD-Linke solle endlich zur Kenntnis nehmen, dass sie durch eine starke Partei DIE LINKE nur gestärkt würde.

Auf der Gründungsversammlung der Landesarbeitsgemeinschaft betrieb&gewerkschaft der Partei Die Linke Baden-Württemberg, im Karlsruher Gewerkschaftshaus, entstand folgendes Kurzinterview mit Sybille Stamm.

Thomas Mitsch und Sybille Stamm in Karlsruhe

Sybille, was hat dich letztendlich dazu bewogen in die Partei Die Linke einzutreten?

Zwei Gründe: Erstens die Enttäuschung über die Sozialdemokratie, die Agenda 2010 Politik und zweitens die Hoffnung auf eine sozialistische Orientierung mit wirtschaftspolitischen Aspekten.

Welche Aufgabe sollte sich die neugegründete Landesarbeitsgemeinschaft (LAG) betrieb&gewerkschaft der Partei Die Linke auf die Fahnen schreiben?

Es geht um zwei Aufgaben, es geht in den Gewerkschaften darum linke Positionen zu stärken und teilzunehmen an Kämpfen der Belegschaften, in den Tarifen, an Streiks und die zweite große Aufgabe ist innerhalb dieser Partei, in die Partei hineinzuwirken und zu versuchen linke Gewerkschaftspositionen da zu verankern und zu stabilisieren. Es gibt vorrangig zwei Aufgaben: einmal geht es darum, in den Gewerkschaften linke Positionen zu stärken, teilzunehmen an Kämpfen der Belegschaften bei Tarifverhandlungen und Streiks. Und zum zweiten ist es eine große Aufgabe in diese Partei hineinzuwirken und somit linke Gewerkschaftspositionen zu verankern und zu stabilisieren.

Es wird immer über Frauenquoten gesprochen. Wie können sich deiner Meinung nach die Frauen in der Partei Die Linke besser positionieren?

Teilnehmen!

Hast du politische Vorbilder, vielleicht eine Frau?

Wir haben klassische Vorbilder. Mein Vorbild ist Clara Zetkin, eine politisch aktive Frau, die aber auch im Gewerkschaftsbereich viel bewegt hat und natürlich ist, wie für viele meiner Generation, auch Rosa-Luxemburg ein Vorbild.

Wie siehst du Die Linke nach der Parteigründung in Baden-Württemberg?

Das kann ich noch nicht überschauen, ich fand die Veranstaltung heute, die Gründung der landesweiten LAG betrieb&gewerkschaft, sehr positiv. Wir brauchen mehr junge Leute, das hat man heute auch gemerkt, daran muss man arbeiten. Aber ich hoffe dass die Partei gut aufgestellt ist. Sie hat in Baden-Württemberg, was mir natürlich auch ganz gut gefällt, einen starken gewerkschaftspolitischen, linken Touch. Die Tendenz hängt auch mit führenden und handelnden Personen zusammen.

Zum Schluss noch die Frage für deine Ziele in der Zukunft?

Meine Ziele sind, über die Stärkung der Linken eine Linksverschiebung hinzubekommen mit dem letztendlichen Ziel, auf gesellschaftliche Veränderungen einzuwirken.

Vielen Dank für das Gespräch

Das Interview wurde am 26. Januar 2008 in Karlsruhe geführt.

Interview mit Malalai Joya

Zur Person:

Afghanische Politikerin Malalai Joya erhielt unter anderem den International Woman of the Year Price 2004, der Provinz Valle d`Aosta in Italien und den Women of Peace Award 2006 der Womens Peacepower Foundation. Malalai Joya machte nach der Verleihung des Menschenrechtspreises durch Cinema for Peace, eine Städtetournee auf Einladung der Linksfraktion im Bundestag. Auch in Stuttgart machte Joya, in Begleitung der Bundestagsabgeordneten Heike Hänsel, einen Stopp.

Thomas Mitsch und Malalai Joya in Stuttgart

Malalai, herzlichen Dank für Ihr Kommen. Sie sind auf abenteuerliche, aber auch gefährliche Weise nach Deutschland gekommen. Was ist geschehen?

Nachdem ich vor der großen Ratsversammlung, der Loya Jirga, und auch im Parlament die Bestrafung der im Parlament sitzenden Warlords und Drogenbosse gefordert hatte, wurde ich letztes Jahr für drei Jahre aus dem Parlament ausgeschlossen. Ich bin auf einer Liste von Personen, die Afghanistan nicht verlassen dürfen. Mein diplomatischer Pass wurde eingezogen und ich konnte Afghanistan nur über die grüne Grenze verlassen.

Glauben Sie, dass der Ihnen vor kurzem verliehene Menschenrechtspreis von „Cinema for Peace" sie bei ihrer Arbeit in Afghanistan unterstützen kann?

Diesen Preis habe ich den demokratisch gesinnten Menschen in Afghanistan gewidmet. Für mich ist dieser Preis eine Aufforderung weiter zu kämpfen und eine Unterstützung für meine Arbeit. Die afghanischen Medien ignorieren mich, ich bin verbannt worden und es gibt einen regelrechten Boykott gegen mich. Es ist eine große Propaganda der Fundamentalisten gegen meine Person, aber gleichzeitig erkennen immer mehr Menschen diese Praktiken und unterstützen mich. Nur ein kleiner TV-Sender hat über die Verleihung des Preises berichtet. Die Pressefreiheit in Afghanistan steht nur auf dem Papier. Selbst Journalisten, die aus dem Parlament berichten wollten, wurden geschlagen und aus dem Parlament verwiesen. Ich soll daran gehindert werden, das, was ich in Afghanistan gesagt habe, international zu sagen.

Was hat sich nach den Wahlen 2005 verändert? Wie ist die Situation der Frauen?

Ein aktuelles Beispiel dieser Tage ist die Vergewaltigung eines 14-jähriges Mädchens in Nordafghanistan, von drei Warlords. Einer dieser Vergewaltiger ist der Sohn eines Abgeordneten, dies bestätigte das Büro des Frauenministeriums und auch die dortige Menschenrechtsorganisation. Er wurde seither nicht bestraft. Das zeigt ja wohl, in welch einer Demokratie wir leben. Weitere 4 junge Mädchen, von denen das jüngste 9 Jahre alt ist, wurden in jüngster Zeit im Norden vergewaltigt. Auch hat sich vor Kurzem eine junge Frau vor dem obersten Gericht verbrannt, weil sie nicht angehört wurde, kein Recht bekommen hat bezüglich der Gewalt, die ihr Ehemann ihr antat. So gibt es viele, viele Beispiele. Ich könnte eine lange Liste von Verbrechen und

Grausamkeiten gegen Frauen in Afghanistan aufzählen. Täglich kommen schockierende Nachrichten aus den Provinzen. Morde an Frauen. In einem Distrikt haben sich in einem Monat über 30 Frauen selbst umgebracht. Es ist ein reines Mafiasystem, das in Afghanistan regiert. Es sind Milliarden von Aufbaugeldern nach Afghanistan geflossen, das hätte gereicht, Afghanistan zweifach aufzubauen. Aber wo fließt dieses ganze Geld hin, wenn Frauen inzwischen aus reiner Not ihre Kinder für ein paar Dollar verkaufen? Durch den kalten Winter sind über tausend Menschen erfroren und das nicht einmal weit weg von Kabul. Ebenfalls sind über hunderttausend Tiere, die für die Menschen notwendig sind, verendet. Siebenhundert Kinder und 50 bis 70 Frauen sterben täglich auf Grund mangelnder Gesundheitsversorgung. Die Lebenserwartung liegt unter 45 Jahren.

Was sagen Sie zum Drogenproblem?

Seit dem 11. September ist Afghanistan zum weltweit größten Produzenten von Opium geworden. 92 Prozent des weltweiten Opiums werden in Afghanistan hergestellt und landen dann in den Straßen von New York. Und all dies passiert unter den Augen der internationalen Truppen. Das heißt eigentlich auch, dass wir keine Befreiung unseres Landes haben, sondern eine Besatzung. Die Geschichte unseres Volkes hat aber gezeigt, dass wir Besatzung niemals akzeptiert haben. Und wenn die Politik so weiter geht, werden die USA und die Alliierten einschließlich der deutschen Truppen den Widerstand der Bevölkerung zu spüren bekommen.

**Die afghanische Bevölkerung ist durch die politische Situation in die Enge getrieben.
Wie sehen Sie das?**

Die Bevölkerung befindet sich in einer „Sandwich-Situation": auf der einen Seite sind die Pro US-Terroristen, die Nordallianz, und auf der anderen Seite die Taliban, die Anti US-Terroristen. Beide Seiten müssen entwaffnet werden. Für mich ist eigentlich jeder Tag in Afghanistan wie der 11. September. Die Zahl der seit 2001 im „Krieg gegen den Terror" getöteten unschuldigen Zivilisten hat sich verfünffacht im Vergleich zu der Zahl derjenigen, die in der Tragödie vom 11. September umkamen. Wenn jetzt die Truppen abziehen würden, besteht natürlich die Gefahr eines Bürgerkrieges, wie wir es ja schon einmal zwischen 1992 und 1996 erlebt haben, als an manchen Tagen allein in Kabul bis zu 5000 Menschen getötet wurden. Das Problem ist aber, dass wir die Fundamentalisten an der Macht haben. Die Taliban wurden ja von den USA zur damaligen Zeit stark gemacht. Jetzt wird die Nordallianz unterstützt. Auf lange Sicht müssen die Truppen abziehen. Ein erster Schritt wäre, die Fundamentalisten, die jetzt an der Macht sind zu schwächen, zu entwaffnen, um eine Chance für die anderen demokratischen Kräfte zu ermöglichen. Wir haben keine Befreiung, sondern eine Besatzung. Ich bin überzeugt, kein Land kann einem anderen Land Befreiung bringen. Für Demokratie, Menschenrechte, Frauenrechte müssen wir selbst kämpfen. Jetzt ist aber die Situation so kompliziert und schwer, dass wir Unterstützung von der internationalen Gemeinschaft brauchen. Vor allem die demokratischen Kräfte brauchen mehr Aufmerksamkeit und Unterstützung, um eben für diese Werte in ihrem Land zu kämpfen. Ich bin überzeugt, dass man nicht mit Waffen Demokratie in ein Land bringen kann. Nach der Bekämpfung der Taliban sind nicht demokratische Kräfte an die Macht gekommen, sondern wieder Fundamentalisten. Wenn demokratische Kräfte unterstützt worden wären, gäbe es gar keinen Grund, dass Truppen in Afghanistan sind. Das sind strategische Überlegungen der USA und der Alliierten, um in diesem Land zu bleiben.

Es gab im Norden Afghanistans eine Umfrage unter der Bevölkerung. Was halten Sie von dieser Umfrage?

Die Regierung hat nur die Kontrolle über Kabul, wenn überhaupt. Ich frage mich, wie diese Umfrage umgesetzt wurde. Viele Menschen haben nicht den Mut, die Wahrheit zu sagen, solange Warlords und Verbrecher sie unterdrücken. Die Umfrage ist in meinen Augen Propaganda, um Sand in die Augen der Menschen weltweit zu streuen, um die Berechtigung zu haben, noch weitere Truppen ins Land zu schicken. Der Wunsch der Menschen nach Truppen ist da, aber nur um gegen die Fundamentalisten etwas zu unternehmen, die von den Truppen, auch den deutschen, unterstützt werden. Ein sehnlichster Wunsch wäre die Befreiung Nordafghanistans von den Fundamentalisten, die dort zurzeit das Sagen haben.

Spielen die Machtinteressen von Russland und China eine Rolle für Afghanistan?

Nicht nur diese beiden Länder haben Interesse, sondern auch die USA, Deutschland und die anderen NATO-Länder, die ja in diesem Land auf Grund ihrer eigenen Interessen sind. Sonst würden sie ja die demokratischen Kräfte unterstützen und nicht die Fundamentalisten. Die Menschen wollen, dass diese Fundamentalisten und die Taliban, die jetzt unterstützt werden und durch die internationale Politik an die Macht kamen, entmachtet werden.

Schritt für Schritt könnte dies mit einem Abzug der Truppen begleitet werden. Eine dauerhafte Präsenz der Truppen will die Bevölkerung nicht. Außerdem müssten die Nachbarländer kontrolliert werden, dass sie die Fundamentalisten nicht mehr unterstützen und dass dadurch eine wirkliche Politikänderung vonstatten geht. Es ist aber auch klar, wenn die Truppen nicht abziehen, Stück für Stück, werden sie den massiven Widerstand der Menschen in Afghanistan erleben. Die Engländer hatten versucht uns zu besetzen und die Sowjetunion, und eben jetzt versucht es die USA. Es wird Zeit, dass wir diese Besatzung nicht mehr zulassen, dass wir dagegen kämpfen, denn es hat sich gezeigt, dass diese Besatzungen nicht funktioniert haben. Die Menschen gehen inzwischen auf die Straße, sie demonstrieren gegen die katastrophale Situation, in die sie gebracht wurden. Jetzt erst vor kurzem war das schlimmste Bombenattentat mit der größten Anzahl von Opfern in der Provinz Kandahar, mehr als sechzig Personen wurden ermordet. Das sind Zivilisten gewesen, die dort getötet wurden. Es werden aber auch Städte und Dörfer durch die Alliierten bombardiert, um die Taliban zu treffen, aber auch hier werden unschuldige Menschen, Frauen und Kinder getötet.

Vielen Dank für das Gespräch und vor allem eine sichere Heimreise.

Das Interview wurde von Thomas Mitsch am 19. Februar 2008 in Stuttgart geführt.

Interview mit Gabriele Zimmer

Zur Person:

- Mitglied des Europäischen Parlaments, seit 2004
- Geboren am 7. Mai 1955 in Berlin, konfessionslos, verheiratet, zwei Kinder. Nach dem Abitur Studium an der Sektion Theoretische und Angewandte Sprachwissenschaften der Karl-Marx-Universität in Leipzig
- 1977 Abschluss als Diplom-Sprachmittler; Nach dem Studium Sachbearbeiterin
- später Redakteurin im Fahrzeug- und Jagdwaffenwerk Suhl. Von 1986 bis 1989 Mitarbeiterin in der Betriebsparteiorganisation der SED
- Oktober 1990 bis Juli 2004 Mitglied des Thüringer Landtags. Inhaltliche Schwerpunkte in der bisherigen parlamentarischen Arbeit waren Geschlechterdemokratie, Sozial- und Beschäftigungspolitik
- 1990 bis 1998 Vorsitzende der PDS Thüringen
- 1996 bis 2000 stellvertretende Parteivorsitzende der PDS
- 1999 bis 2000 Fraktionsvorsitzende der PDS im Thüringer Landtag
- 2000 bis 2003 Parteivorsitzende der PDS seit Juli 2004 Mitglied des Kreistages des Landkrei-

ses Hildburghausen
- Mitglied in folgenden Organisationen: Vereinigte Dienstleistungsgewerkschaft ver.di)
- Arbeitsloseninitiative e.V.(ALI)
- Mehr Demokratie e.V.
- Pro Asyl e.V.

Thomas Mitsch und Gabriele Zimmer in Stuttgart

Unter dem Motto "Ich glaube..." wurde am 26. Juli 2008 wieder der Christopher Street Day Stuttgart (CSD) gefeiert. Höhepunkt war die CSD – Parade durch die Stuttgarter Innenstadt. Den Polizeiangaben zufolge bekamen rund 165.000 Zuschauer des Umzugs am Samstagnachmittag dieses Mal aber eine außergewöhnlich politische Parade zu sehen. Fast alle der knapp 50 Gruppen mit etwa 2000 Teilnehmern griffen das diesjährige Motto "Ich glaube..." auf und vollendeten es auf die eine oder andere Weise. Der CSD Stuttgart erinnert an die ersten Aufstände von Homosexuellen in der New Yorker Christopher Street 1969 und ist der Größte dieser Art in Süddeutschland.

Im Vorfeld hatten Bundeskanzlerin Merkel (CDU), Ministerpräsident Öttinger (CDU) und Sozialministerin Monika Stolz (CDU) ein Grußwort abgelehnt. Schirmfrau des CSD ist in diesem Jahr Gabriele Zimmer (MdEP Die Linke.). Es ist das erste Mal, dass diese Partei das Amt der Schirmherrschaft besetzt. Am Rande der Parade konnte ich der Schirmherrin Gabriele Zimmer einige Fragen stellen.

Vielen Dank, dass Du dir die Zeit für ein Interview nimmst und natürlich auch, dass Du die Schirmherrschaft des diesjährigen CSD in Stuttgart übernommen hast. Ich möchte gerne gleich politisch einsteigen. Was hältst Du von den Absagen der Bundeskanzlerin Merkel, des Ministerpräsidenten Öttinger und der Sozialministerin Stolz, ein Grußwort abzugeben?

Ja, überhaupt nichts. Ich denke die Verweigerung von Grußworten ist Ausdruck dessen, dass es in der Öffentlichkeit noch immer den Eindruck gibt, dass der CSD eine Veranstaltung von Leuten ist, die anstößig sind und nicht das Recht auf Würde und selbstbestimmtes Leben einfordern und ich glaube es ist einfach feige, weil man sich damit einer Auseinandersetzung mit der eigenen Partei und auch vor allem der Kirche entzieht. Möglicherweise hat das Motto des diesjährigen CSD, "Ich glaube...", die Konfrontation noch ein bisschen zugespitzt, aber ich denke, wenn Kirche und die CDU das nicht aushalten können, dann sind sie wirklich noch nicht in der Gesellschaft angekommen. Dann müssen sie eigentlich hinterfragen, was sie wollen und für wen sie da sein wollen.

Verstehst Du das als bürgerfern?

Ziemlich bürgerfern. Wenn ich mir die Bevölkerung nur so ausmale wie ich sie gern hätte, sie sollte möglichst nicht weltlich eingestellt sein und ein bigotter Lebenswandel wäre immer noch besser als offen zu sein und sich nicht zu seiner Identität zu bekennen, dann stimmt etwas nicht.

Du sitzt im Europäischen Parlament. Gibt es da große Diskrepanzen in der Umsetzung von Rechten für Homosexuelle zwischen den neuen Ländern die dazu gekommen sind?

Ja, gibt es. Das hat sicher etwas damit zu tun, wie stark der Einfluss der katholischen Kirchen in den jeweiligen Ländern ist, aber auch, dass in den Jahren, Jahrzehnten davor die Frage der sexuellen Identität doch zum Großteil tabu war und dann in Umbruchsituationen immer die, die so scheinbar Unnormalen, dann auch Ziel von Auseinandersetzungen werden. Unzufriedenheit entlädt sich oftmals auch auf solche Gruppen. Ich finde es dringend notwendig, dass insbesondere die politisch Verantwortlichen, ich nenne zum Beispiel die polnische Regierung oder auch in anderen Ländern wie Ungarn, sich mit diesem Thema auseinandersetzen. Es darf nicht sein, dass die Antidiskriminierungsrichtlinien von Europa als Vorbedingung um Mitglied der EU zu werden eingefordert werden, sondern diese Regierungen, wie auch unsere, müssen richtig etwas tun. Wir alle müssen uns dazu bekennen, gemeinsam mit Menschen, die sich auf ihre Art lieben und eine andere Vorstellung vom Leben haben als die offizielle Lebensweise, zusammenzuleben.

Was müsste sich in Deutschland noch grundlegend ändern bzw. welche Entwicklungen sollten vorangetrieben werden?

Ich bin die Tage häufiger gefragt worden, ob es tatsächlich so wäre, dass hauptsächlich in osteuropäischen Ländern Homosexuelle diskriminiert werden. Haben wir das nicht auch noch in Deutschland? Warum schauen wir mit so einer großen Aufmerksamkeit nach Osteuropa? Ich sage dann immer, auch in Deutschland ist die Diskriminierung nach wie vor noch ein Thema. Wir können die Bundesländer untereinander vergleichen, die Städte mit dem ländlichen Raum und wir sehen da schon Unterschiede in der öffentlichen Akzeptanz, wie mit Schwulen selbst umgegangen werden kann und wie weit das akzeptiert wird. Der Aufschrei, wenn sich jemand outet, der zum Establishment gehört, ist nach wie vor groß und ich denke es gibt eine Reihe von Dingen die geändert werden müssen. Ich zähle dazu insbesondere auch die Erweiterung des Artikels 3 des Grundgesetzes, die Gleichstellung des Menschen unabhängig deren sexuellen Orientierung. Ich halte es nach wie vor nicht für gut, dass Entscheidungen des Verwaltungsgerichtes nur auf der Grundlage vorhandener Gesetze auch so entscheiden. Dass zum Beispiel Lesbische und Schwule, Angestellte und Beamte/innen nicht gleichgestellt werden. Ich sehe noch Handlungsbedarf bei der Umsetzung der Antidiskriminierungsrichtlinie, bei der Durchsetzung, dass Menschen mit unterschiedlicher Nationalität heiraten dürfen und ihnen auch ein würdiger Raum zur Verfügung gestellt wird und sie nicht ins Abseits gestellt werden. Ich sehe Handlungsbedarf bei der Frage Adoption von Kindern durch schwule oder lesbische Paare aber auch beim

Thema Migration, weil insbesondere auch die Heiratmöglichkeiten gerade bei Menschen die nicht aus EU Staaten kommen mit Lesben und Schwulen doch sehr eingeschränkt werden, gerade auch in der Praxis. Also, in sofern gibt es doch noch jede Menge zu tun. Im Europaparlament diskutieren wir gerade die Antidiskriminierungsrichtlinie, über die Erweiterung dieser für die berufliche Ausbildung oder der beruflichen Tätigkeit. Da gibt es schon massive Proteste der deutschen Industrie. Dies zeigt die ganze Zwiespältigkeit und Heuchelei was gerade Wirtschaftverbände deutlich machen. Antidiskriminierung ja - wenn ich nichts dafür als Gegenleistung bringen muss.

Was bringst du mit zum CSD nach Stuttgart?

Ich hoffe für manchen, die erstaunt gefragt haben, was haben uns die Linken gerade auch zum CSD zu sagen, doch auch die Erkenntnis, das die Linke sich sehr wohl auch für soziale Rechte als auch persönliche aber auch individuelle Freiheitsrechte einsetzt. Dass sie sich dafür einsetzt, dass kein Mensch in diesem Europa diskriminiert werden darf, egal aufgrund welcher Lebensform und dass dafür noch jede Menge zu tun ist. Aber auch, das Erstaunen darüber, dass wir und unsere Forderungen mit Authentizität akzeptiert werden. Aber was ich auch mitgebracht habe ist, glaube ich bei einer nachträglichen Reaktion, dass gar kein Mensch diskriminiert werden darf, egal zu welcher Gruppierung er oder sie sich zählen, weder Flüchtlinge, Asylanten, Migranten, noch Lesbische und Schwule und dass die Diskriminierung von Schwulen erst zu Ende ist, wenn die Diskriminierung aller genannten Gruppen nicht mehr besteht und gänzlich ausgeräumt worden ist.

Vielen Dank für das Gespräch und viel Spaß bei der Parade.

Das Interview wurde am 26. Juli 2008 in Stuttgart geführt

Interview mit Karin Binder

Zur Person:

- Mitglied des Bundestages seit 2005
- Geboren am 28.08.1957 in Stuttgart, 3 Kinder
- Seit April 2003 bis zum Einzug in den Bundestag Vorsitzende der DGB-Region Mittelbaden (Karlsruhe)
- Davor über 25 Jahre aktive ehrenamtliche Ge-Werkschafterin (HBV) in unterschiedlichsten Funktionen auf Kreis-, Bezirks- und Landesebene
- Nach Ausbildung im Einzelhandel zusätzliche Qualifikation als Handelsfachwirtin erworben
- Breits während der Ausbildung als Jugendvertreterin aktiv, mehr als 13 Jahre als Betriebsrätin und Betriebsratsvorsitzende in einem Bertelsmann-Unternehmen in Stuttgart
- Tätigkeit in einer Firma für Außenwerbung, Aufbau eines ver.di-Kreisverbandes als dessen Vorsitzende, Sprecherin und Mitbegründerin des »Konstanzer Netzwerk gegen Rechts«
- Abgeordnete über die Landesliste Baden-Württemberg
- Neben Fragen der VerbraucherInnenpolitik liegen Inhaltliche Schwerpunkte vor allem im Bereich Arbeitsmarkt- und Sozialpolitik, der Vereinbarkeit von Familie

und Beruf und der Chancengleichheit für unsere
Jugend, auch Friedens- und Antifa-Arbeit
■ Mitglied der LINKEN, der Gewerkschaft ver.di,
ver.di dem Arbeitslosenprojekt IKARUS, bei
Amnesty International, der VVN-BdA, der
Aids-Hilfe, dem Mieterbund ...

Thomas Mitsch und Karin Binder in Esslingen

Vielen Dank, dass Du zum Sommerfest der Linken nach Esslingen gekommen bist. Am 1. September ist der Antikriegstag und am 20. September 2008 findet die große Afghanistandemonstration in Berlin und Stuttgart statt. Wieder werden viele Menschen zu diesen Veranstaltungen gehen. Was glaubst Du, wie wird die Beteiligung und der politische Inhalt sein?

Ich gehe davon aus, dass durch die aktuelle Situation in Georgien in der Bevölkerung noch mehr Aufmerksamkeit und Interesse zum Thema Krieg und Frieden geweckt wurde. Ich denke auch, dass das Thema Afghanistan mit den täglichen Nachrichten von Selbstmordattentaten, den vielen zivilen Toten aber auch nach den letzten Ereignissen, den Menschen bewusst wird, dass noch mehr Deutsche Soldaten im Sarg nach Hause kommen werden. Es zeigt sich immer mehr wie arg eigentlich die afghanische Zivilbevölkerung zu leiden hat. Den Menschen wird deutlich dass Krieg kein Mittel ist. Dieses Problem kann man auf viele Krisenherde dieser Welt übertragen – Afghanistan ist hier nur ein Beispiel.

Glaubst Du, dass in Hinblick auf die kommenden Bundestags- und Kommunalwahlen Krieg und Frieden wieder ein größeres Thema sein wird?

Es müsste ein großes Thema sein, da das Thema Krieg und Frieden letztendlich über die soziale Lage und die soziale Situation der Menschen - auch in Deutschland - entscheidet. Wenn wir Geld für Krieg ausgeben fehlt dieses Geld in sozialen Belangen. Ich denke es ist allemal besser der Bevölkerung klarzumachen, dass dieses Geld, welches für Krieg ausgegeben wird, auch in diesen anderen Ländern für humane Dinge, egal ob für Schulhäuser, Krankenhäuser, Ausbildung oder Infrastruktur, fehlt. Mit weit aus weniger Mitteln könnten entsprechende Erfolge erzielt werden. Das Geld könnte dann auch in Deutschland dazu beitragen die soziale Situation zu verbessern.

Kannst Du dir vorstellen, dass bei einer Rot/Rot Konstellation in den Parlamenten linke Abgeordnete dann doch für den Afghanistaneinsatz stimmen würden?

Ich kann mir nicht vorstellen, dass in unserer Fraktion jemand für den Afghanistaneinsatz stimmen würde. Ich habe auch das Gefühl, das innerhalb der SPD und bei den Grünen der Widerstand und die Anzahl der Kritiker wächst und das sich mehr Abgeordnete dieser Fraktionen gegen den Einsatz der Bundeswehr wenden und dagegen stimmen werden. Ich würde es mir zu mindestens wünschen und ich sehe eine gewisse Chance dass diese Anzahl der Abgeordneten größer wird.

Die afghanische Abgeordnete Malalai Joya machte Anfang des Jahres nach der Verleihung des Menschrechtspreises durch „Cinema for Peace" auf Einladung der Linksfraktion im Bundestag eine Städtetour durch Deutschland. Unterstützt die Linksfraktion auch weiterhin kritische afghanische Politiker und Politikerinnen?

Ich denke diese Unterstützung wird nach wie vor geleistet und ich wüsste nicht was sich daran ändern sollte. Menschen die sich gegen die Besetzung und die Missstände in Afghanistan aussprechen und versuchen international Unterstützung zu finden werden auch unsere Unterstützung haben.

Nächstes Jahr findet der Jubiläumsgipfel „60 Jahre Nato" statt. Im September dieses Jahres findet auch das Europäische Sozialforum 2008 in Malmö statt, wo sich verschiedene Gruppierungen zu diesem Thema treffen.
Wird sich Die Linke daran beteiligen?

Ich unterstelle, dass wir daran beteiligt sind, ich bin zwar keine verteidigungspolitische und auch keine außenpolitische Politikerin, aber ich gehe davon aus dass wir spätestens in unserer Fraktionsklausur von den entsprechenden Fachleuten etwas dazu hören und informiert werden und das wir uns dann als Die Linke auch an entsprechenden Protesten beteiligen.

Vielen Dank für das Gespräch und noch ein schönes Sommerfest.

Das Interview wurde am 30. August 2008 in Esslingen am Neckar geführt

Interview mit Willi van Ooyen

Zur Person:

- Mitglied des Landtages Hessen, seit 2008
- Volksschule,
- von 1962 bis 1965 Lehre als Elektro-Installateur,
- 1969 Abitur (zweiter Bildungsweg),
- von 1969 bis 1972 Zivildienst (in dieser Zeit Sprecher der "Bundeszentrale der Selbstorganisation der Zivildienstleistenden" in Düsseldorf),
- von 1972 bis 1976 Studium Geschichte und Pädagogik an der Johann Wolfgang Goethe-Universität Frankfurt,
- ab 1976 Landesgeschäftsführer, ab 1984 einer der Bundesgeschäftsführer der Deutschen Friedens-Union,
- von 1990 bis 1996 Mitgestaltung des öffentlich öffentlich geförderten Beschäftigungssektors in Frankfurt (ab 1992 als Geschäftsführer der Werkstatt Frankfurt e. V.),
- seit 1997 Abteilungsleiter (Prokurist, Pädagogischer Leiter) der "Praunheimer Werkstätten WerkstgGmbH" in Frankfurt.
- Seit 12/2008 Mitglied der Partei DIE LINKE.
- Seit 1965 Mitglied der Gewerkschaft ver.di.
- Abgeordneter von 5. April 2008 bis 19. November 2008, von 19. November 2008 bis 5. Februar

2009 gewählter Vertreter im Hauptausschuss
(Art. 93 HV), Abgeordneter seit 30. Januar 2009;
- seit 5. April 2008 Fraktionsvorsitzender der
Fraktion DIE LINKE,
- Sprecher
für: Europapolitik, Haushaltspolitik;
- Mitgliedschaften und Funktionen in
Ausschüssen und Gremien:

Mitglied in:
Europaausschuss,
Haushaltsausschuss,
Unterausschuss für Finanzcontrolling und
Verwaltungssteuerung,
Landeskuratorium für Weiterbildung und
lebensbegleitendes Lernen in Hessen.

Thomas Mitsch und Willi van Ooyen in Frankfurt

Am Sonntag, den 07. September 2008 fand ein Arbeitstreffen der Friedens- und Antikriegsbewegung sowie anderer sozialen Bewegungen zum Thema 60 Jahre Nato, im DGB Haus Frankfurt statt. Während der Konferenz konnte ich einige Fragen an den Fraktionsvorsitzenden der Partei Die Linke, im Hessischen Landtag, Willi van Ooyen, stellen.

Ganz Deutschland schaut zurzeit nach Wiesbaden. Über die Verhandlungen der SPD mit den Linken, um Roland Koch als Ministerpräsidenten abzulösen, gibt es immer wieder Spekulationen.

Wie siehst Du die SPD vor allem auch nach bekannt werden der Kanzlerkandidatur Frank-Walter Steinmeiers?

Die Schwierigkeit liegt darin, dass es in der SPD zwei Parteien gibt, die zu einer einheitlichen Position finden müssen. Das ist auf Grund der Basis der rechten Positionierung gelungen, welche in dem Papier steht, dass jetzt in der letzte Woche von der SPD verabschiedet wurde. Es signalisiert, dass sich inhaltlich die rechteren Positionen als Verhandlungspositionen durchgesetzt haben. Wir können also einem solchem Papier natürlich nicht zustimmen, denn wir wollen ja nicht in die SPD eintreten. Das Papier kann so zu sagen nur dazu dienen unterschiedliche Positionen zur Kenntnis zu bringen und im Gegenprozess auch klar zu sagen, dass man mit anderen Positionen aus den Verhandlungen herausgeht. Beispielsweise in der Frage sozialer Gerechtigkeit wird deutlich, dass wir viele und weitergehende Vorstellungen haben, was man natürlich in den Haushalten darstellen muss. In der Frage Frankfurter Flughafen sind Grüne und wir etwas erstaunt darüber, dass die SPD hinter die Position zurückfällt, die sie im Wahlkampf eingenommen hat. Das sind alles solche Fragen die jetzt thematisiert werden müssen. Es ist aber auch schwierig innerhalb dieser SPD, die Eigenständigkeit des Landesverbandes Hessen zu sehen, wenn Steinmeier beispielsweise deutlich für Schröderische Positionen eintritt. Wie sich die SPD aufstellt, muss man abwarten.

Nun sind wir eigentlich hier beim Arbeitstreffen der Friedens- und Antikriegsbewegung zu den Vorbereitungen zum 60 jährigen Jubiläum der Nato. Du hast ja schon seit Jahren bei vielen Kampagnen wie beim G8 Gipfel in Heiligendamm und der letzten Afghanistandemonstration in Berlin aktiv mitgewirkt und Erfahrungen mitgenommen. Wie bewertest du die politische Aussagekraft des Nato Jubiläums im Gegensatz zum G8 Gipfel und die Beteiligung der Protestbewegung?

Ich wage das nicht quantitativ zu sagen aber ich war heute erfreut über die Beteiligung der unterschiedlichen Gruppen und Initiativen an diesem Prozess. Ich glaube, dass im internationalen Bereich es eine Solidarität und Impulse der unterschiedlichen Initiativen gegen den Krieg geben kann und hoffe, dass wir im April oder bis April 2009 eine Formierung eines Widerstandspotentials erreichen, das wirklich europaweit agiert, das international ist, das Grenzen überspringt. Wir müssen verhindern, dass Krieg als Mittel der Politik in Europa immer deutlicher an Auf-

schwung gewinnt. Deshalb müssen wir den Auf-
schwung des Krieges hemmen und ich hoffe, dass
wir das mit den gemeinsamen Aktivitäten zum 60
jährigen Jubiläum der Nato schaffen werden.

**Durch den aktuellen Konflikt in Georgien sind
andere Krisenherde wie Irak oder Afghanistan
etwas in den Hintergrund gerückt. Trotzdem
meine Frage zu Georgien, wie siehst du den
Konflikt und die Gefahren?**

Ich sehe die Situation sehr kompliziert. Die Nato
versucht besonders in der Ukraine die Entwicklung
hin zu einer aggressiveren Politik gegen Russland
zu stabilisieren und damit gleichzeitig Russland, das
ja durchaus auch mit einer sehr nationalistischen
und militärischen Form dort reagiert, herauszufor-
dern. Das kann dazu führen, dass wir hier natürlich
einen weiteren Kriegsschauplatz in Europa erleben.
Die Gefahr, die durch die Nato dort droht ist groß,
sodass wir den Versuch machen müssen den Zusammenhang von Afghanistan und Irak und den
Ereignissen im Kaukasus herzustellen und deutlich
zu machen. Es muss uns darum gehen, Formen der
staatlichen und internationalen Zusammenarbeit zu
entwickeln. Beispielsweise mit der KSZE. Und wir
brauchen auch ein anderes Sicherheitsdenken, das
nicht auf Militär und Krieg setzt.

Die USA übt einen immer größeren Druck und militärische Präsenz in Europa aus, auch. Wird sich durch die Präsidentenwahl entweder durch McCaine oder Obama etwas ändern?

Beide stehen für eine auf militärische Stärke setzende US-Außenpolitik, möglicherweise nur differenziert in der Innenpolitik. Ich sehe nicht einen wirklichen Systemwechsel, was die aggressiven Potentiale und militärische Zielvorstellungen der US-amerikanischen Politik angeht.

Zum Schluss, was müsste sich bei der UNO ändern?

Vieles. Natürlich brauchen wir eine demokratischere Entwicklung. Wir müssen die Beteiligung vieler Staaten als gleichberechtigte Partner erleben. Anstatt den Sicherheitsrat mit neuen Beschränkungen Lösungskonstellationen finden zu lassen, um die Rechte und demokratische Möglichkeiten der internationalen Zusammenarbeit immer weiter zu unterdrücken, brauchen wir eine Demokratisierung der UNO als Vorrausetzung eines friedlichen Zusammenlebens auf dieser Welt.

Vielen Dank für das Gespräch

Das Interview am 07. September 2008 in Frankfurt geführt.

Interview mit Annette Groth

Zur Person:

- Mitglied des Bundestages seit 2009
- Referentin für die Europa-Koordination im Bereich Bund-Länder-Koordination, Bundestagsfraktion »DIE LINKE«, Beraterin auf Zeit im Ökumenischen Stipendienreferat des Diakonischen Werks der EKD Stuttgart, Schwerpunkt: Stipendienprogramme in Afrika, Direktorin der Ecumenical Coalition on Third World Tourism
- Herausgeberin der Zeitschrift CONTOURS, Barbados, Karibik Education Officer, Aufbau eines weltweites Flüchtlings-Stipendienprogramms, UN-Kommissar für Flüchtlinge, (United Nations High Commissioner for Refugees, UNHCR)
- Seit Oktober 2007 Mitglied im Landesvorstand der LINKEN in Baden Württemberg, seit März 2008 Referentin für wirtschaftliche Zusammenarbeit und Entwicklung Bundestagsfraktion DIE LINKE

Mitgliedschaften (Auswahl)

- Attac, bundesweite EU AG und International AG
- Gewerkschaft Erziehung Wissenschaft
- Deutscher Presseverband

Am Rande des Internationalen Vorbereitungstreffen
für die Anti Nato Aktionen aus Anlass des 60 jährigen Bestehens der Nato, an der über hundert Delegierte aus 16 Nationen teilnahmen, konnte ich ein
Interview mit Annette Groth führen

Annette Groth und Thomas Mitsch in Stuttgart
Foto: Roland Hägele, action-stuttgart.de

Annette, danke dass Du dir Zeit genommen hast. Wir sind hier in Stuttgart auf dem Internationalen Vorbereitungstreffen für die Anti Nato Aktionen aus Anlass des 60 jährigen Bestehens der Nato. Was erwartest Du?

Ich hoffe, dass wir gemeinsame gute Aktionen planen und ich möchte insbesondere das Atomthema hier einbringen. Ich war beim Europäischen Sozialforum in Malmö und habe an einem hoch interessanten Seminar zur Atomproblematik teilgenommen. Ein Riesenthema ist ja die Frage der Entsorgung, d.h. wohin mit dem Atommüll, mit den leckenden Atommüllfässern. In ASSEN haben wir ein großes Umwelt- und Gesundheitsproblem. Zurzeit von der Finanzmarktkrise verdrängt, wird es uns aber die nächste Zeit sehr beschäftigen. In den nächsten Jahren werden viele Atomreaktoren abgewrackt, aber die Atommüllentsorgung ist nicht geklärt. Und dennoch sollen in Europa Dutzende von neuen Nuklearanlagen gebaut werden. Das ist ein Skandal von großer strategischer Bedeutung und einfach unverantwortlich. Atomenergie ist nicht billig, wie uns suggeriert wird, sondern die teuerste und auch die gefährlichste Energiequelle. Und von der Atomenergie ist es zu Atomwaffen auch nicht weit. Die EU hat gerade eine Atomkooperation mit Indien vereinbart, obwohl Indien den Atomwaffensperrvertrag nicht unterzeichnet hat, Frankreich will einen Atomreaktor nach Tunesien liefern. Die Atomproliferation geht weiter. Diese Technologie ist unkontrollierbar und wie gesagt höchst gefährlich. In Malmö beklagte eine junge Türkin den Krebstod von vielen Familienangehörigen in den letzten Jahren. Sie alle wohnten am Schwarzen Meer und sie führt die hohe Krebsrate auf Tschernobyl zurück. Ein Iraker sagte

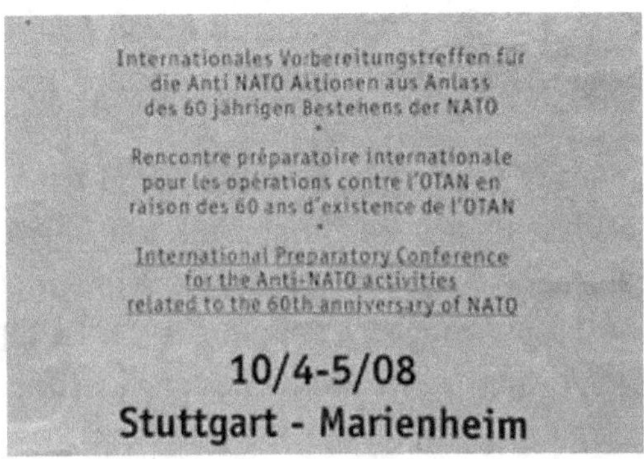

uns, dass laut Studien ein Drittel der irakischen Bevölkerung an Krebs leidet und dies auf die Uranmunition zurückzuführen ist, die die US Soldaten benutzten. Ich führe das etwas aus, weil die Gefährlichkeit der Atomenergie und die Gefahr eines atomaren Erstschlags nicht mehr so öffentlich debattiert werden, wie noch vor einigen Jahren. Das muss wieder ins Bewusstsein der Leute rein.
Nein zur NATO heißt auch Nein zum Atom.

Die Linke steht für Abrüstung und Rüstungskonversion als zentrale Aufgaben.
Wie siehst Du die Aufrüstungsverpflichtung des Vertrags von Lissabon?

Diese Aufrüstungsverpflichtung ist völlig abzulehnen. Wie können sich denn die jetzigen gewählten Regierungen der 27 EU Staaten in einem Vertrag verpflichten, die "Rüstungsanstrengungen zu verbessern"? Falls dieser Vertrag von allen EU Staaten ratifiziert werden sollte, müssen Regierungen, die diesen Passus ändern und weniger statt mehr für Waffen ausgeben wollen zugunsten von z.B. Sozialausgaben, erst mal eine Vertragsänderung beantragen. Das kann Jahre dauern, wenn es denn überhaupt möglich sein sollte. DIE LINKE lehnt den Vertrag von Lissabon auch aus anderen Gründen ab und wir hoffen, dass auch andere Staaten, wie z.B. Schweden, wo der Vertrag noch nicht ratifiziert wurde, dem Beispiel Irlands folgen und nicht unterzeichnen. Mit dem Vertrag von Lissabon wird der neoliberale Umbau der europäischen Staaten weiter zementiert, die unsoziale Wettbewerbspolitik wird ausgebaut. Dieser Vertrag gibt der EU mehr Zuständigkeiten in der Migration und Flüchtlingspolitik. Überwachungsinstrumente und die polizeiliche Zusammenarbeit sollen auf europäischer Ebene verstärkt werden.

Welche Gefahren siehst Du in der Europäischen Verteidigungsagentur?

Die Europäische Verteidigungsagentur ist eine Rüstungsagentur. Dort verständigen sich die EU Staaten über neue Waffensysteme, die angeschafft werden, über neue Einsätze der europäischen Battlegroups oder die Etablierung einer Europäischen Interventionsarmee, wie der holländische Verteidigungsminister neulich forderte. Die Europäische Verteidigungsagentur ist für Aufrüstung zuständig, nicht demokratisch kontrollierbar und schon aus diesen Gründen abzulehnen. Wir brauchen eine Abrüstungsagentur, die Vorschläge zur Demilitarisierung vorlegt und Konflikt- und Friedensforschung betreibt. Das wäre ein Signal für ein friedliches Europa, für das wir LINKE kämpfen.

Dient das bereits existierende FRONTEX-System der Grenzkontrollen der Abschottung der EU?

Aber klar. Wegen der immer „effizienteren" Überwachung durch Schiffe und andere Maßnahmen wählen die Flüchtlingsboote jetzt andere, gefährlichere Routen, wie etwa von der Elfenbeinküste oder von Guinea auf die Kanaren. Darum ertrinken auch immer mehr Menschen. Insgesamt, so wird geschätzt, sind in den letzten zehn Jahren mindestens zehntausend Menschen bei Einreiseversuchen an den südlichen EU-Außengrenzen ums Leben gekommen. Wir müssen auch immer wieder anprangern, dass die EU Staaten die Genfer Flüchtlingskonvention verletzen, da Flüchtlingen die Einreise in die EU Staaten fast unmöglich gemacht wird. Das kommt einer faktischen Abschaffung des Asylrechts gleich. In diesem Monat werden die Regierungschefs der 27 EU Staaten einen europäischen „Pakt zu Einwanderung und Asyl" verabschieden. Der Pakt zielt neben der Anwerbung benötigter Arbeitskräfte aus Drittländern auf eine strenge Bekämpfung illegaler Einwanderung und eine schärfere Überwachung der EU-Außengrenzen. Dazu gehört unter anderem die Einrichtung eines einheitlichen EU-Grenzüberwachungssystem. Mit dem neuen System sollen nach Europa eingereiste Bürger/innen von Nicht EU-Staaten, die nicht pünktlich mit Ablauf ihres Visums ausreisen, EU-weit zur Fahndung ausgeschrieben und bis zu 15 Monaten inhaftiert werden. Flankierend zu den neuen Migrationsgesetzen wird im Oktober 2008 das erste EU Rekrutierungsbüro (Centre d'information et de gestion des Migrations/CIGM) in Mali eröffnet, das die kontrollierte Zufuhr afrikanischen Arbeitspersonals für Firmen in der EU steuert. Ein weiteres Büro ist im Senegal geplant. Diese Büros sollen die Engpässe auf dem europäischen Arbeitsmarkt füllen, der in den kommenden 20 Jahren angeblich Millionen von außereuropäischen Arbeitskräften benötigt. Ich habe bislang noch keine Studie gelesen, die diesen angeblichen Arbeitskräftemangel von 20 Millionen empirisch belegt. Ich bin sicher, das ist nur so eine Zahl, um diese Rekrutierungsbüros zu legitimieren und um eventuell auch zur weiteren Lohnsenkungen oder anderen „Reformen" benutzt werden zu können. Denn es sollen in diesem Jahr auch weitere „Reformen" durchgesetzt werden. Mit Hinweis auf die unendliche Verfügbarkeit billiger Arbeitskräfte aus Drittländern könnten Widerstände gegen weitere Lohnkürzungen oder andere „flexicurity-Maßnahmen" in den EU-Staaten gebrochen und „Reformen" wie längere Arbeitszeiten eingeführt werden. Migranten, wie auch besonders Frauen, könnten so als Lohndrücker/innen und als industrielle Reservearmee benutzt werden. Diese Verwertungslogik nach ökonomischer Nützlichkeit muss entlarvt werden. Wir müssen die zunehmende Militarisierung nach innen und außen im Zusammenhang mit dem zunehmenden Sozial- und Demokratieabbau und dem zunehmenden Rassismus und Rechtsextremismus sehen. Berlusconis Notstandsgesetzgebung zeigt dies ganz deutlich, wie übrigens auch die deutsche Geschichte. Bei den Ausgegrenzten einer Gesellschaft wird der Sozial- und Demokratieabbau erprobt. Das gilt hierzulande für

AGLII Abhängige und für Migranten. Beschäftigte werden gegen Erwerbslose ausgespielt, Ausländer/innen gegen Deutsche. Der Kampf gegen Sozial- und Demokratieabbau, gegen den Ausbau des Überwachungsstaats, gegen eine zunehmende Militarisierung nach innen und nach außen und gegen den zunehmenden Rechtsextremismus gehören zusammen.

Die Nato und die Europäische Union verstricken sich immer mehr in militärischen und zivilen Bereichen. Ist die Nato ein Eckpfeiler für die Globalisierungsansprüche der EU?

Es besteht eine immer engere Zusammenarbeit zwischen NATO und EU. Sarkozy will Frankreich wieder in die NATO bringen. Sarkozy´s Ziel ist auch eine enge Zusammenarbeit zwischen EU und NATO. Bush hat schon vor einiger Zeit gefordert, dass die Europäer ihren Beitrag für den Krieg in Afghanistan erhöhen sollen. Die Amis können sich die Kriege im Irak und in Afghanistan schon lange nicht mehr leisten – darunter leidet ja auch die US amerikanische Bevölkerung, weil so viele Milliarden für das Militär ausgegeben werden, die z.B. für eine nationale Krankenversicherung und für andere soziale Angelegenheiten fehlen. Und so müssen jetzt eben auch die Europäer bluten. Unser Rüstungshaushalt beträgt 2009 33 Mrd. €, und da sind etliche Gelder für Militärforschung etc. noch nicht enthalten, da sie in anderen Budgets versteckt sind. NATO wie EU setzten auf immer engere militärische und zivile Zusammenarbeit, das verurteile ich. Als Beispiel möchte ich kurz AFRICOM, das hier in Stuttgart ist, nennen. AFRICOM bedeutet: US-Afrika-Kommando, das in diesem Monat mit 100 Militärs seine Stabsstelle für integrierte Befehls- und Koordinationsaufgaben für alle militärischen und zivilen Projekte der USA in Afrika aufnimmt und von großer strategischer Bedeutung ist. Das Stuttgarter AFRICOM-Hauptquartier ist das logistische Zentrum, von dem aus Einsatzgebiete eines mobilen US-Afrikakorps von geplanten 25.000 Mann identifiziert werden. Soldaten des mobilen US-Afrikakorps sind auf den US-Basen in Dschibuti und im algerischen Tamanrasset stationiert sowie auf den Schiffen der US-Flotte. Die Flotte unterhält mit fast sämtlichen Anliegerstaaten am Golf von Guinea und in Angola - einer der wichtigen Öl-Lieferanten der USA - "Partnerschaftsprogramme zur Sicherheit von Häfen und Bohrinseln". In einer Transsahara - Allianz sind alle Maghreb-Staaten einschließlich Libyen sowie die westlichen und südlichen Anrainer der großen Wüste mit den US-Streitkräften "zur Bekämpfung des Terrorismus" vereint. Der Einmarsch der Äthiopier in Mogadischu 2007 - unterstützt von US-Logistik und

Aufklärung - hat demonstriert, wie leistungsfähig das System sein kann. Neu und sehr besorgniserregend ist die zivile Komponente von AFRICOM. Erstmalig sollen die Militärs in der AFRICOM-Zentrale auch zivile Aufgaben von Nichtregierungsorganisationen koordinieren. So gehört zu den AFRICOM Aufgaben die Polizei - Ausbildung für den Anti-Terror-Kampf, US-Programme zur Bekämpfung des HIV-Virus bis hin zur "Kapazitätsbildung" in den öffentlichen Verwaltungen. Die zivilen Aufgaben von AFRICOM haben die US-Hilfsorganisationen höchst alarmiert. Sie befürchten eine Militarisierung der nichtstaatlichen Entwicklungshilfe und eine drastische Einschränkung ihrer Handlungsspielräume und Kompetenzen. Wie sehr die Administration in Washington in die Entwicklungszusammenarbeit eingreift, zeigt sich am Beispiel der Gesundheitsversorgung in Afrika: US-amerikanische NGO`s dürfen jetzt nur von der US-Regierung "zugelassene" Medikamente US amerikanischer Pharma--Konzerne verwenden, obwohl indische Generika für AIDS-Kranke wesentlich billiger sind und damit viel mehr Kranke versorgt werden könnten. Die enge Verzahnung von militärischen Aufgaben mit zivilen lassen sich auch gut bei den deutschen Soldat/innen in Afghanistan beobachten. Es wird immer wieder betont, dass die Soldat/innen insbesondere auch für den zivilen Aufbau des Landes wichtig sind. Als LINKE lehne ich eine solche Verzahnung absolut ab.

Eine letzte Frage. Wer wäre der bessere Präsident? McCain oder Obama? Und glaubst Du an einen Wandel der US-Militärpolitik durch Deinen Favoriten?

Vermutlich Obama, aber keiner von beiden ist eigentlich mein Favorit, denn Obama hat schon angekündigt, dass er die Zahl „seiner" Soldat/innen in Afghanistan erhöhen wird. Darum glaube ich auch nicht an einen großen Wandel der US Militärpolitik. Auch andere Andeutungen lassen nichts Gutes erhoffen, aber er sollte wohl besser als Bush sein. Aber das ist ja auch nicht schwierig.

Vielen Dank für das Gespräch und eine gute Reise nach Berlin.

Das Interview wurde am 05.10.2008 in Stuttgart geführt

Interview mit Bernd Riexinger

Zur Person:

Bernd Riexinger ist Geschäftsführer des Bezirks Stuttgart der Gewerkschaft ver.di und Mitglied des geschäftsführenden Landesvorstands der Partei Die Linke in Baden-Württemberg. Zuvor war er Mitglied des Interims-Landesvorstands der Partei Die Linke in Baden-Württemberg und davor Mitglied des geschäftsführenden Landesvorstands der Partei WASG in Baden-Württemberg.

Er ist ein bekanntes Mitglied der Initiative zur Vernetzung der Gewerkschaftslinken und beteiligt sich an führender Stelle an der Sozialforumsbewegung in Deutschland.

Riexinger gehörte 2003 zu den Initiatoren der sozialen Bewegung gegen die Agenda 2010 der damaligen Bundesregierung.

Beim Sonntagsmatinee der Partei Die Linke im Cla-
ra-Zetkin-Waldheim in Sillenbuch stand das Thema
– „Kollaps des Finanzsystems": Privatisierung der
Gewinne - Sozialisierung der Verluste? auf der
Agenda. Ulrich Maurer, parlamentarischer Ge-
schäftsführer der Linksfraktion im Bundestag und
Bernd Riexinger, Geschäftsführer des ver.di Bezirks
Stuttgart, konnten den über Hundert Besuchern die
Hintergründe der Finanzkrise aus ihrer jeweiligen
Perspektive erläutern. Hierzu konnte ich einige Fra-
gen an Bernd Riexinger stellen.

Bernd Riexinger und Thomas Mitsch in Stuttgart

Wenn schon die Bankberater nicht mehr durchblicken, wie soll es dann der Normalbürger oder anders herum, worin siehst du die Ursache für die Finanzkrise?

Die Ursachen liegen in der gigantischen Umverteilung der letzten 15 Jahre, begünstigt durch die neoliberale Politik. Extrem hohe Gewinne und steuerbefreite- oder begünstigte Millionenvermögen wurden nicht produktiv investiert, sondern landeten auf den internationalen Finanzmärkten. Dort wurden hohe Renditen zugesichert, die wiederum durch die Masse der Bevölkerung bedient werden mussten. Die politisch gewollte Liberalisierung der Finanzmärkte hat diesen Prozess enorm befördert.

Wie siehst du als Gewerkschafter die staatlichen Milliarden-Bürgschaften?

Das ist der zweite Teil der Umverteilung. Nachdem die Gewinne der vergangenen Jahre privatisiert wurden, werden jetzt die Verluste sozialisiert.

Die Unternehmen klagen ja immer wegen der hohen Lohnosten. Glaubst du, dass die Finanzkrise als Vorwand genommen wird um weitere Lohneinbußen und Stellenabbau zu rechtfertigen?

Die Finanzkrise wird den ohnehin schon begonnenen Abschwung in der Realwirtschaft verschärfen. Die Kapitalseite wird klassisch reagieren und Arbeitsplätze abbauen und niedrigere Löhne fordern.

Was werden die Forderungen der Gewerkschaften in dieser neuen Situation sein?

Die Gewerkschaften müssen ganz offensiv fordern, dass jetzt mit höheren Löhnen und staatlichen Investitionsprogrammen die Binnenwirtschaft stabilisiert werden muss. Außerdem dürfen Firmen die staatliche unterstützt werden niemanden entlassen. Das wird zwar nicht ausreichen, aber Lohnabbau und Massenarbeitslosigkeit würden die Krise noch mehr verschärfen.

Wie siehst du eine teilweise Verstaatlichung der Banken?

Ohne Verstaatlichung der Banken wird es keine nachhaltige Regulierung des Finanzmarktes geben. Die nächste Krise würde geradezu vorbereitet.

Sollen Managergehälter begrenzt werden und Manager persönlich haften?

Natürlich. Die hohen Gehälter und vor allem die

hohen Bonussysteme begünstigen die Orientierung auf kurzfristig hohe Profite, oft sogar zu Lasten der langfristigen Entwicklung der Betriebe. Ich bin absolut dafür, dass die Manager persönlich haften.

Wird sich die politische Landschaft durch die Finanzkrise ändern?

Auf alle Fälle, fragt sich nur in welche Richtung. Linke, Gewerkschaften, attac usw. müssen jetzt Orientierung anbieten und den Protest gegen die Politik der Bundesregierung organisieren. Sonst kann die m.E. länger anhaltende Krise in die völlig falsche Richtung gehen.

Zum Schluss noch eine Frage, denkst du, dass die Partei Die Linke. durch die Finanzkrise Aufwind bekommt?

Auch das wird von unserer Politik in den nächsten Monaten abhängen. DIE LINKE ist die einzige Partei, die die Umverteilungs- und Liberalisierungspolitik kritisiert hat. Sie müsste immer wieder betonen, dass sie weitaus realistischer die Risiken und Gefahren eingeschätzt hat, als die anderen Parteien, die an die Selbstregulierung der freien Märkte geglaubt haben. Die Linke muss deutlich machen, dass sie alternative Lösungen hat und denjenigen, die für die ganze Misere verantwortlich sind, nicht auch noch die Lösung der Krise anvertraut werden darf. Damit hätte man den Bock zum Gärtner gemacht.

Vielen Dank für das Gespräch

Das Interview wurde am 21. Oktober 2008 in Stuttgart geführt

Interview mit Ulrich Maurer

Zur Person:

- Mitglied des Bundestages seit 2005
- Geboren am 29. November 1948 in Stuttgart; katholisch, verheiratet, zwei Kinder
- Volksschule, Gymnasium und Abitur in Stuttgart. Studium der Rechtswissenschaften in Tübingen erstes Staatsexamen 1974, Assessorexamen 1977, seitdem selbstständiger Rechtsanwalt
- Von 1987 bis 1999 Vorsitzender der SPD Baden-Württemberg. Von 1990 bis 2003 im SPD-Bundesvorstand. Von 1995 bis 1999 und von September 2000 bis November 2001 Mitglied des des SPD-Präsidiums. Von 1992 bis 2001 Vorsitzender der SPD-Landtagsfraktion. Mitglied des Gemeinderats der Stadt Stuttgart von 1971 bis 1980. Mitglied des Landtags von Baden- Württemberg vom 10. April 1980 bis 2005. Seit 2005 Mitglied im Bundestag für DIE LINKE. und Parla-Parlamentarischer Geschäftsführer der Fraktion. Seit 2007 Beauftragter für den Parteiaufbau West für den Geschäftsführenden Vorstand der Partei DIE LINKE
- Mitglied der Gewerkschaft

Im Rahmen der Abgeordnetenfahrt nach Berlin konnte ich als Teilnehmer, dem parlamentarischen Geschäftsführers der Linksfraktion im Bundestag, Ulrich Maurer, einige Fragen stellen.

Ulrich Maurer und Thomas Mitsch in Berlin

Erstmal danke Uli, dass du dir die Zeit nimmst. In der letzten Zeit habe ich einige Versammlungen besucht, bei denen das Thema Afghanistan immer wieder angesprochen wurde. Das Parlament hat ja vor kurzem den Afghanistaneinsatz um 14 Monate verlängert. Es wird gemunkelt, dass dieser Beschluss eine Art Wahlmanipulation ist, da dann der erneute Beschluss einer Verlängerung des Einsatzes nicht in den Bundtagswahlkampf im Jahr 2009 fällt.

Ja, das ist ganz eindeutig. Man will so vermeiden, dass die nächste Auseinandersetzung über den Kriegseinsatz vor den Bundestagswahlen stattfindet. Das geschieht, weil sie genau wissen, dass die Mehrheit der Bevölkerung gegen einen Bundeswehreinsatz ist.

Ich konnte dich diese Woche schon einmal sprechen hören und da sagtest du, dass eine Sondersitzung im Bundestag stattfindet. Worum ging es in dieser Sitzung?

Bei dieser Sitzung ging es um das sogenannte OEF - Mandat und um die erste Lesung dazu. Operation Enduring Freedom, da geht es nicht nur um die Verlängerung in Afghanistan, sondern auch um das Horn in Afrika. Es hat sich jetzt schon abgezeichnet, dass die Vertreter aus CDU/CSU, SPD und FDP mit einigen wenigen Ausnahmen den Kriegseinsätzen wieder zustimmen werden.

In letzter Zeit ging es in der Presse immer wieder um das „Nein" Irlands zum EU Vertrag und in diesem Zusammenhang auch um den Lissabon Vertrag. Wie wirken sich diese Punkte auf die militär- und sicherheitsrelevante Politik der EU und Nato aus?

Der Vertrag von Lissabon hat zwei wesentliche Aspekte, die dazu führen, dass wir ihn rigoros ablehnen. Das eine ist, dass im Grunde genommen die Europäische Kommission für die Ausbreitung des Neoliberalismus steht und das zweite ist die Militarisierung der EU Außenpolitik. Hierbei geht es darum, dass die EU Streitkräfte aufstellt, die für die internationalen Kriege der USA zur Verfügung gestellt werden. Mittlerweile sind wir so weit, dass die EU selbst eingesteht sie wolle der Rohstoffe wegen Kriege führen.

Nächstes Jahr steht das 60-jährige Nato - Jubiläum an. Es gibt mit Straßburg, Kehl und Baden-Baden drei Veranstaltungsorte. Beteiligt sich Die Linke an den Protesten?

Wir beteiligen uns natürlich. Wir werden uns genauso zur Wehr setzen wie in Heiligendamm, weil wir nicht zulassen wollen, dass Leute, die Krieg als Mittel der Politik befürworten, ungestört feiern können. Es muss schon deutlich gemacht werden, dass dieser Krieg in unserem Land abgelehnt wird. Ich vermute wir werden den gleichen staatlichen Aufmarsch zur Abwehr von Demonstranten wie in Heiligendamm erleben.

In Baden-Württemberg mobilisieren ja das Friedensnetz und die Gewerkschaften. Was aber noch aktueller ist, ist das geplante, schärfere Versammlungsgesetz. Glaubst du, dass die Regierung und die Landesregierung aus Angst vor Massenprotesten mit solchen Gesetzen vorbeugen will?

Ich glaube, das ist schon so. Angefangen mit dem Versuch, die Bundeswehr im Innern einzusetzen, über Änderung des Versammlungsrechts und diverse andere Maßnahmen. Damit kann die Staatsmacht legal z.B. gegen Massenproteste wegen der Wirtschaftskrise oder auch anderen Protesten vorgehen. Da ist natürlich der „Kampf gegen den Terrorismus" ein guter Deckel.

Wenn das Versammlungsgesetz so umgesetzt wird, dann dürfen doch Polizisten oder z.B. Krankenschwestern oder Pfleger nicht mehr in ihrer Dienstkleidung demonstrieren, oder?

Nach dem Gesetzesentwurf in Baden-Württemberg wäre dies tatsächlich so. Das wird sie aber nicht darin hindern, wenn eine Demonstration genehm ist, nicht einzugreifen. Das dürfte dann Auslegungssache sein.

Vielen Dank für das Gespräch.

Das Interview wurde am 06. Oktober 2008 in Berlin geführt

Interview mit Franz-Josef Müller

Zur Person:

Franz Josef Müller wurde 1924 in Ulm geboren und gehörte der „Ulmer Abiturientengruppe" der Weißen Rose an. Zur Verschickung der Flugblätter sammelte er Geld und besorgte Briefmarken und half auch bei der Verteilung der Briefe. Mit seinem Schulfreund Hans Hirzel, Sohn des damaligen Pfarrers, traf er sich dazu in der geheimen Orgelkammer der Martin-Luther-Kirche in Ulm. Franz J. Müller wurde 1943 verhaftet und zu fünf Jahren Gefängnis verurteilt. 1945 wurde er von den Amerikanern befreit. Müller ist Ehrenvorsitzender der Weiße Rose Stiftung in München und Träger zahlreicher Auszeichnungen, wie dem Bayrischen Verdienstorden und dem Bundesverdienstkreuz 1. Klasse

Der Jahresanfang stand für zahlreiche Geschichtsdaten des Naziregimes. Wie der Tag des Gedenkens an die Opfer des Nationalsozialismus (Befreiung von Auschwitz) am 23.01.09. Am 30.01.1933 wird Hitler von Hindenburg zum Reichskanzler ernannt. Der ehemalige Ministerpräsident Hans Filbinger von Baden - Württemberg beantragt im Januar 1945 die Todesstrafe gegen den Deutschen Walter Gröger, die vollstreckt wird. Eine der vielen Widerstandsgruppen war damals die Gruppe "Weiße Rose" um die Geschwister Scholl. Als damaliges Mitglied einer Freundes- und Sympathisantengruppe in Ulm konnte ich Franz Josef Müller über die Arbeit der Weißen Rose und wie er selbst zum Widerstand kam befragen.

Franz Josef Müller und Thomas Mitsch in Esslingen

Erstmal vielen Dank, Herr Müller, dass sie sich nach diesem anstrengenden Abend noch Zeit für das Interview nehmen. Was hat Sie damals bewogen in den Widerstand zu gehen?

Vielleicht weil mir ein HJ Führer in die Fresse gehauen hat. Der war drei Jahre älter als ich und tat dies bloß, weil ich widersprochen hatte. Und dann weil unser Weltanschauungslehrer der dümmste aller Lehrer war und mich dauernd mit Rektoratsarrest bestraft hatte, weil ich auch dem widersprochen habe. Mit der Zeit stinkt einem das und man sagt sich, das kriegt er irgendwann zurück. Die HJ war für mich einfach nur langweilig. Die Gruppenführer wussten nichts mit uns anzufangen. Außer Marschieren, Spalierstehen, Führerreden anhören, vielleicht mal Geländespiele, fiel denen nichts ein. Und dann brachte Sophie Scholl meinem Schulfreund Hans Hirzel, Sohn des Ulmers Pfarrers der Martin-Luther-Kirche, Anfang Januar 1943 einen Koffer mit 1000 Exemplaren des V. Flugblatts der Weißen Rose „Aufruf an alle Deutschen". Der Text und die Auforderung „Unterstützt die Widerstandsbewegung, verbreitet die Flugblätter!", brachte den Stein ins Rollen mich zu beteiligen. Außerdem war ich frei erzogen, hatte viel gelesen und war stark beeinflusst von Regimegegnern, die katholische Pfarrer waren.

Hatten Sie Angst entdeckt zu werden?

Natürlich hatte ich Angst entdeckt zu werden, aber die Situation im Allgemeinen war ohnehin mit Angst besetzt, Krieg, Verwundete und die vielen Gefallenen. Meine Mutter jedoch war unerschrocken und kritisch: „Macht den Schreier aus!" sagte sie bei Hitlerreden „Der bringt uns ins Unglück!" Mein Vater war zwar im ersten Weltkrieg verwundet und stolz auf seinen Orden, im Alltag jedoch eher angepasst und natürlich Mitglied in der NSDAP. Angst zu handeln hatte ich daher eigentlich nicht. Außerdem war ich 18 Jahre alt und meine Einberufung zur Wehrmacht stand unmittelbar bevor und das hätte wahrscheinlich den baldigen Einsatz an der Ostfront bedeutet. Uns ging auch durch den Kopf, dass wir lieber etwas gegen Hitler tun wollten, als für ihn kämpfen zu müssen.

Sie wurden zu 5 Jahren Gefängnis verurteilt. Wie haben sie die Haft erlebt?

Relativ gut. Die ersten zwei Monate war ich im Gestapogefängnis. Das war ganz schlimm. Ich habe erbärmlich gefroren und gehungert, bin einige Male umgefallen. Zum Glück kam ich in dann in den normalen Strafvollzug und das bedeutete in das Jugendgefängnis Heilbronn, weil ich mit 18 Jahren damals noch minderjährig war. Der Leiter, Professor Gregor, war uns Politischen wohl gesonnen und wies uns der Bibliothek, der Gärtnerei und mich als Hilfspfleger der Krankenstation zu, weil ich im Verhör gesagt hatte, ich wolle Medizin studieren. Wir hatten also einige „Freiheit". 1945 befreiten uns die Amerikaner und somit brauchte ich nur zwei Jahre absitzen.

Der Ulmer Oberbürgermeister Robert Scholl, Vater der Geschwister Scholl, hatte sie nach dem Krieg überredet in Deutschland zu bleiben und nicht mit einem Stipendium in den Staaten zu studieren. Haben sie es bereut in der Bundesrepublik Deutschland geblieben zu sein?

Nein, nicht im Mindesten. Ganz im Gegenteil, meine Freunde und wir haben ja für ein besseres Deutschland gekämpft, indem wir die Flugblätter verteilt haben. Wir haben für die Vereinigten Staaten von Europa gekämpft und dass ist doch letztendlich heute erreicht worden.

Welche Gefahren bestehen aus ihrer Sicht heute noch?

Aktuelle Gefahren sehe ich eigentlich nicht. Im Gegensatz zu damals kann sich heute jeder auf vielseitige Art informieren. Eine Gefahr besteht vielleicht in der Reizüberflutung, die leicht zu nur passivem Aufnehmen verführt.

Eine Gefahr von rechts?

Nein, die sehe ich im Gegensatz zu vielen anderen nicht. Rechtsextremisten sind zwar gefährlich aber auch nützlich, weil sie zwingen, sich mit Ihnen auseinanderzusetzen und die, die anders denken auf den Plan rufen. Und so lange diese in der Mehrheit sind wird automatisch auch der Widerstand gegen Rechtsextremismus wachsen.

Welche Weichen müssten Ihrer Meinung nach die Politik jetzt stellen?

Wenn Sie damit ein NPD-Verbot oder Verbote von Rechtsextremisten meinen, muss dieses rechtlich unangreifbar sein. Solange müssen die Gesetze und Vorschriften voll ausgeschöpft und konsequent angewendet werden. Die bestehenden Gesetze schützen unseren Rechtsstaat, da brauchen wir keine Sondergesetze. Natürlich finde ich viele Behauptungen und Aktivitäten dieser Leute unerträglich und habe auch im Namen der Weißen Rose immer wieder dagegen demonstriert, täte es notfalls immer noch. Zum Glück protestieren auch meine

Kinder und Enkel und gehen auf die Straße. Das macht Mut.

Vielen Dank für das Gespräch und viel Erfolg bei ihrer morgigen Veranstaltungen mit Schülern in Esslingen und in Stuttgart.

Das Interview wurde am 27. Januar 2009 in Esslingen am Neckar geführt